ドラッカー『現代の経営』が教える

「マネジメントの基本指針」

坂本和一

東信堂

はじめに――ドラッカー『現代の経営』刊行六〇周年

今日、実践経営学の元祖といえばピーター・F・ドラッカー、という認識には多くの人が同意するでしょう。このドラッカーの経営学（マネジメント学）の基になったのは、彼が第二次大戦後間もない一九五四年に刊行した *The Practice of Management* という本で、日本では一九五六年『現代の経営』という表題の翻訳で世に広まり今日に至っていることは周知のとおりです。

（注）*The Practice of Management* の最初の邦訳は、野田一夫監修・現代経営研究会訳で一九五六年、『現代の経営』という表題で自由国民社から刊行されました。今も変わらない『現代の経営』という表題は監修者・野田一夫さんがつけられたもの。その後、『現代の経営』は一九六五年に同じ野田一夫監修・現代経営研究会訳による改版がダイヤモンド社から刊行され、一九八七年には同版の改装版が刊行されました。現在の上田惇生訳は最初一九九六年、ダイヤモンド社刊のドラッカー選書の四、五巻として刊行されました。現在はドラッカー名著集の二、三巻に収録されています。

二〇一四年は奇しくも『現代の経営』刊行六〇周年に当たります。

本書は筆者が今日の時点で改めてこのマネジメント学の古典、『現代の経営』を読み直してできた、本書のいわば講義ノートです。

『現代の経営』については、わが国で翻訳が登場して以来、今日まで六〇年の間に、本書を監修・紹介された野田一夫さんをはじめ、学界、実業界の様々な立場の方々が論評を展開し、それは今日もまだ続いています。『現代の経営』がわが国に紹介されたのは日本経済が戦後復興を果たしこれから高度成長期を迎えるという時期で、企業経営のあり方について新しい知見が大いに求められている状況の中でした。その中で『現代の経営』に集約されたドラッカーのマネジメントについての斬新な知見はとりわけ企業経営や経済運営に携わる人々に鮮烈な知的刺激を与えることになりました。

ドラッカーは『現代の経営』以後、『創造する経営者』(一九六四年)、『断絶の時代』(一九六九年)、『マネジメント』(一九七三年)、『イノベーションと企業家精神』(一九八五年)、『ポスト資本主義社会』(一九九三年)、『明日を支配するもの』(一九九九年)などを中心に、二〇〇五年一一月、九五年の生涯を終える間際まで、その著作活動を絶やしませんでした。

しかしこの間、時代は移り、日本の経済や経営をめぐる状況も大きく展開しました。一九九〇年代以降「失われた二〇年」ともいわれる低迷期を経過し、二〇一〇年代に入って政府のかつてない大胆な金融・財政政策のもと、いまようやく低迷のトンネルから脱出できるかどうかというところにあります。この間、それまで経済発展を担ってきた産業や企業の盛衰の波も大きく、日本経済をけん引する主導産業、主導企業の様相も一転してきています。

このような中で、ドラッカーのマネジメントや社会を見る目は、鮮度を失うどころか、むしろ新鮮な輝きを増して、かつて一九六〇年代、七〇年代のドラッカー・ブームを知らない世代の間にも新しい関心を呼び起こしています。しばらく前になりますが、岩崎夏海さんの『もし高校野球の女子マネージャーがドラッカーの「マネジメント」を読んだら』(二〇〇九年、ダイヤモンド社刊)が引き起こした「もしドラ…ブーム」はそれを象徴するものでしょう。

ドラッカーの七〇年にわたる著作活動の成果は、この間多くの人々に読み継がれ、今日も新しい時代の目で改めて評価を受けています。

ここで取り上げる『現代の経営』は、ドラッカーのどの著作にも増して長く人々の関心を呼び続け、読み継がれてきました。ドラッカーのマネジメント学の原点としてこうしてドラッカーの著作の中でももっとも長く読まれてきた『現代の経営』を、いま改めて取り上げる意味はどこにあるのでしょうか。

私の問題意識の第一は、『現代の経営』という著作をそれ自体として、歴史のなかの産物として評価することです。ドラッカーのマネジメント学は『現代の経営』を原点としますが、そのエッセンスはそれ以後半世紀にわたるドラッカーの著作の中で発展され、進化させられてきました。その結果、ドラッカーのマネジメント学のエッセンスは、『現代の経営』とそれ以降の膨大な著作の中で時間を超えて、一体として理解されるようになってきました。それは、ドラッカーの名言、名句をドラッカーの著作のあれこれから抽出して、経営のノウハウとして活用するという風潮もつくり出しました。

確かに『現代の経営』という作品は、マネジメントの実践を説く、それ自体が見事な一つの体系を成しています。何よりもその部別構成に体現されたドラッカーのマネジメント認識の体系の鮮やかさに感心させられます。

しかし、『現代の経営』はマネジメント学の原点となりましたが、それは決して完成されたものではなく、ドラッカー自身その後の著作の中でそのエッセンスを磨き、進化させました。同時に『現代の経営』の段階では認識が十分でなかったところも幾多あきらかになっています。『現代の経営』もやはり時代の制約を受けていたことを改めて感ずるところもあります。

さらに『現代の経営』をこうして歴史の中においてみたとき、『現代の経営』自身が歴史の中の産物として、それまでの社会のマネジメント認識の最良の部分を引き継ぎつつ、大きな「発想転換」の結果として生み出されたことがわかります。

また『現代の経営』の成果は、ドラッカー自身によって発展、進化させられたと同時に、その考えを引き継ぐ優れた後継の人々によって展開されたことを知ります。

このようなことを念頭におき、本書では『現代の経営』を一つの著作として忠実に読み込み、そのエッセンスをくみ取りつつ、マネジメント認識として未だ未成熟であった点や、その時代的な制約もあきらかにしてみます。さらに『現代の経営』後続の著作、『創造する経営者』、『断絶の時代』、『マネジメント』、『イノベーションと企業家精神』との関係を追ってみます。

『現代の経営』を読む私の問題意識の第二は、内容的には以上のことと重なりますが、『現代の経営』はマネジメントについてのドラッカー自身の大きな「発想転換」を基礎にしてできているということです。『現代の経営』は「マネジメントの発明」の記念碑的作品であるといわれます。このことについては、私自身、二〇一一年に刊行した『ドラッカーの警鐘を超えて』(東信堂刊)であきらかにしましたが、そのこと自体がそれまでのマネジメントについての認識に対するドラッカーの大きな「発想転換」によって貫かれているということです。

ドラッカーのマネジメント認識の「発想転換」の根源は、マネジメントの役割、本質を終始一貫、外的な環境との関係で捉え、環境からの情報を「受容」しつつ成果を上げるという観点から理解しようとしたことでした。その象徴的な成果が「企業の目的は顧客の創造である」という、マネジメント学における不滅の言葉に体現されています。

『現代の経営』は「マネジメントの発明」を果たしましたが、それはマネジメントについての「発想転換」の一大体系として実現したのです。

ドラッカーは『イノベーションと企業家精神』を通して、イノベーション論の第一人者といってもいいと思いますが、それに相応しく、彼自身がマネジメント認識についての「発想転換」とイノベーションを成し遂げていたのです。

このことを念頭におき、本書をマネジメント認識におけるドラッカーの「発想転換」とイノベーションの体系として書き上げたいと思います。

このような作業を通して、私は『現代の経営』というマネジメントの古典の活かし方について一つの教訓を得ることができるように思います。

『現代の経営』の活かし方の一つ、これまでの伝統的な方法は、叙述のもつ普遍性を評価し、これを教訓として活かす方法です。このような方法で『現代の経営』は六〇年の間、世の企業と組織のマネジメントの実践に貢献してきました。

しかし、すでに刊行後六〇年を経た『現代の経営』を活かすために、叙述の歴史性にも意識する必要があります。もともとドラッカーは、その当時の様々な企業でのマネジメントの実践にふれ、また当時到達していたマネジメントについての良質の認識を吸収して『現代の経営』を書き上げました。さらに『現代の経営』以後半世紀にわたる著述活動の中で、『現代の経営』で到達したマネジメントの認識を、新しい時代の変化を踏まえつつ進化させ、場合によっては大幅に修正もいたしました。私たち後進のものはドラッカーのこのような姿勢を引き継ぐこともまたドラッカーを活かす道であるというのが私の立場です。本書からこのようなドラッカーの学び方もあることを理解していただけますと幸いです。

本書は、『現代の経営』を一つの体系的な著作として忠実に読み込み、そのエッセンスをくみ取ろうとしました。そのこともあり、ドラッカーのいっていることの要のところは可能な限り解釈を入れずに文字通りを伝えようとしています。そのため、いくぶん『現代の経営』からの引用を多用しているところが目立つかと思います。ドラッカーのいおうとしていることを生のままで伝えようとしているので、できるだけきちんと読んでいただきたいと思います。

この小著が成るに際しましては、ドラッカー学会の会員の皆さんと学会誌『文明とマネジメント』にたいへんお世話になりました。上田惇生さんはじめ学会員の皆さんから折に触れ貴重なご教示をいただきました。学会誌には本書の基礎になったいくつかの論稿の掲載で格別のご高配をいただきました。改めて厚くお礼を申し上げます。

またこの度も、出版を株式会社東信堂にお世話になりました。出版事情が厳しい中でご高配をいただきました下田勝司社長に深く感謝いたします。

二〇一四年二月

坂本和一

改訂版にあたって

「マネジメントの発明」の象徴としてのドラッカー『現代の経営』が提起したマネジメントの指針を、具体的に「マネジメントの七つの指針」として整理し、本の体裁を一新して改訂版としました。表題も〝いま改めて読む、ドラッカー『現代の経営』〟を〝ドラッカー『現代の経営』が教える「マネジメントの基本指針」〟と改めました。(「マネジメントの七つの基本指針」は本書「講義Ⅱ」から「講義Ⅶ」で説明しています。)

『現代の経営』を読み返して改めて胸に迫りますのは、随所で説かれている、マネジメントに携わるものに求められる「道徳性」と「真摯さ」、そして「社会的責任」の大切さです。昨今、経営者の不誠実な振る舞いや不祥事と、それらによる企業存続の危機が話題になることが目立ちます。経営戦略の良否以前に、経営者のモラルや人格が企業の存続を脅かすことを知る必要があります。ドラッカーはこのことに、早くから警鐘を鳴らしていました。

『現代の経営』が鳴らしてきたこのような警鐘を、今一度確認する気持からも改訂版を試みました。ご理解賜りたく存じます。

二〇一七年四月

坂本和一

目次／ドラッカー『現代の経営』が教える「マネジメントの基本指針」

講義Ⅰ　「マネジメントの発明」とは何か
——発明された「マネジメントの基本指針」　3

講義Ⅱ　「マネジメントは実践である。成果を上げなければならない。」
——マネジメントの本質（『現代の経営』序論）　33

講義Ⅲ　「企業の目的として有効な定義は一つしかない。『顧客の創造』である。」
——事業（ビジネス）のマネジメント（『現代の経営』第Ⅰ部）　51

講義Ⅳ　「自己管理による目標管理こそ、まさにマネジメントの『哲学』である。」
——経営管理者のマネジメント（『現代の経営』第Ⅱ部）　73

講義V
「組織の構造は、事業の目標の達成を可能にするものでなければならない。」
――マネジメントの組織構造（『現代の経営』第Ⅲ部）
101

講義Ⅵ
「人こそ最も大きな潜在能力をもつ資源である。」
――人と仕事のマネジメント（『現代の経営』第Ⅳ部）
121

講義Ⅶ
「経営管理者にとって決定的に重要なもの、それは真摯さである。」
――経営管理者であることの意味（『現代の経営』第Ⅴ部）・マネジメントの責任（『現代の経営』結論）
141

講義Ⅷ
「企業のみならず、あらゆる組織がマネジメントを必要としている。」
――『現代の経営』から『マネジメント』へ：「断絶の時代」の到来とマネジメントの新しい役割
157

講義Ⅸ
「イノベーションを行う組織こそが、これからの時代の主役である。」
――『現代の経営』から『イノベーションと企業家精神』へ：「断絶の時代」の到来と「イノベーションの発明」
183

はじめに　i
改訂版にあたって　ix

講義Ⅰ　「マネジメントの発明」とは何か
――発明された「マネジメントの基本指針」　3

1. 「マネジメントの発明」としての『現代の経営』　5
「マネジメント発明」の記念碑『現代の経営』(一九五四年)　5
発明された「マネジメントの基本指針」　7

2. マネジメント認識の「発想転換」としての『現代の経営』　8
『現代の経営』のエッセンスはドラッカーの「発想転換」から生まれた　8
『現代の経営』から『マネジメント』、『イノベーションと企業家精神』へ　10
どのような「発想転換」がなされたか　12
マネジメント哲学二つの転換　19

「発想転換」の源泉（由来）は何か……20

3．「マネジメントの発明」の根底にあったもの……22

経営者の支配に「権力の正統性」はあるのか
——一九三九年『経済人の終わり』、一九四二年『産業人の未来』のドラッカー……22
一九五四年『現代の経営』のドラッカー……24
一九四六年『企業とは何か』がもたらしたもの……25
ナチズムとの闘いの勝利……28
『現代の経営』刊行と「マネジメントの発明」……29

講義Ⅱ「マネジメントは実践である。成果を上げなければならない。」
——マネジメントの本質（『現代の経営』序論）……33

マネジメントの出現——「マネジメントは現代社会の基本理念を反映する存在」……35
マネジメントとは何か——三つの機能……36
発想転換としてのマネジメント認識の体系化……37
「マネジメントは、厳密な意味における科学になりえない。」……39
マネジメント教育の必要性——『現代の経営』から『マネジメント』へ……41

「もはやドラッカーを読まない」という最近の米国ＭＢＡ事情……43
ミンツバーグのＭＢＡ批判――『ＭＢＡが会社を滅ぼす』……45
マネジメントの役割理解にみられる『現代の経営』の歴史的な制約
――『現代の経営』から『マネジメント』へ……47

講義Ⅲ 「企業の目的として有効な定義は一つしかない。『顧客の創造』である。」
――事業（ビジネス）のマネジメント（『現代の経営』第Ⅰ部）……51

1．「企業（ビジネス）の目的、それは『顧客の創造』である。」（第5章）……53
この概念はいかにして生まれたか……53
発想転換の背景（1）――「シアーズ物語」：「顧客」視点の獲得……55
発想転換の背景（2）――「利益」概念の転換：前提としての「利益」から結果としての「利益」へ……60
2．われわれの事業（ビジネス）は何か：事業の定義（第6章）……64
「事業が何かを決めるのは、生産者ではなく顧客である。」……64

事業の再定義――ドラッカー「企業永続の理論（The Theory of the Business）」『ハーバード・ビジネス・レビュー』一九九四年九・一〇月号へ……66
3．事業の目標とは何か（第7章）……69

講義Ⅳ「自己管理による目標管理こそ、まさにマネジメントの『哲学』である。」――経営管理者のマネジメント（『現代の経営』第Ⅱ部）……73

1．自己管理による目標管理（第11章）……75
経営管理者が方向付けを誤る要因……75
「自己管理による目標管理こそ、まさにマネジメントの『哲学』」……76
2．経営管理者は何をなすべきか（第12章）……78
経営管理者の権限――「権限は組織の下位から発する。」……78

3. 発想転換の背景(1)――「フォード物語」(第10章) …… 81
近代企業経営における経営管理者の役割 …… 81
4. 発想転換の背景(2)――バーナードからドラッカーへ …… 85
バーナードの組織理論――「組織存続の条件」 …… 85
「組織の有効性と能率」の実現 …… 86
組織成立の条件 …… 88
バーナード「権限の理論」――「権限は下位に受容されてはじめて発現する」 …… 89
バーナードからドラッカーへ …… 91
5. 「マネジメントにとって決定的に重要なこと、それは真摯さである。」(第13章) …… 92
組織の文化とは何か …… 92
マネジメントの適性 …… 93
リーダーシップとは何か …… 95
発想転換としてのマネジメントとリーダーシップの道徳性
――発想転換の背景:バーナードの組織理論 …… 96

講義V 「組織の構造は、事業の目標の達成を可能にするものでなければならない。」
——マネジメントの組織構造（『現代の経営』第III部）　101
1. 組織の構造を選ぶ——「組織のコンティンジェンシー（状況対応）」理論へ（第16章）　103
「どのような組織の構造を選ぶか」という発想転換　103
アルフレッド・チャンドラー『組織は戦略に従う』（一九六二年）に先駆ける　104
2. 組織の構造をつくる（第17章）　107
分権制組織の発見　107
3. 発想転換の背景——『企業とは何か』における分権制組織の評価　108
GMの成立と経営危機——創立者デュラントの退陣　108
事業部制（分権制）の導入　110
事業部制の評価　112
4. 事業部制（分権制）組織の社会的普及　114

GEが果たした役割……114
『現代の経営』完成の舞台となったGE……117
『現代の経営』における「GM・GE物語」……119

講義Ⅵ 「人こそ最も大きな潜在能力をもつ資源である。」
――人と仕事のマネジメント（『現代の経営』第Ⅳ部）……121

1．人を雇うということ（第20章）……123
資源としての働く人――「人こそ最も大きな潜在能力をもつ資源」……123
2．発想転換の背景（1）――「IBM物語」（第19章）……125
人間観の転換……125
3．発想転換の背景（2）――バーナードにおける人間仮説の転換……130
「経済人仮説」（経済学仮説）から「全人格仮説」へ……130

4．人事管理は破綻したか（第21章）……133
科学的管理法について……133
5．最高の仕事のための人間組織と動機づけ（第22、23章）……136
最高の仕事のための人間組織……136
最高の仕事への動機づけ――いかなる動機づけが必要か：「満足ではなく責任である。」……138

講義Ⅶ「経営管理者にとって決定的に重要なもの、それは真摯さである。」

――経営管理者であることの意味（『現代の経営』第Ⅴ部）・マネジメントの責任（『現代の経営』結論）……141
1．経営管理者であることの意味（第Ⅴ部）……143
優れた経営管理者の要件（第27章）……143
意思決定を行うこと（第28章）……144
明日の経営管理者（第29章）……146
明日の経営管理者の育成（第29章）……147

2. ミンツバーグによる経営管理者育成論の展開 149
ミンツバーグの基本的立場 149
「関与型」マネジメントの実現 152
3. マネジメントの責任（結論） 153
企業と社会 153
マネジメントの社会的責任 156

講義Ⅷ 「企業のみならず、あらゆる組織がマネジメントを必要としている。」

――『現代の経営』から『マネジメント』へ：「断絶の時代」の到来とマネジメントの新しい役割 157
はじめに 159
問題の趣旨 159
検討の視点 161

1.『断絶の時代』(一九六九年)で示された現実認識の転換……163
2. 公的サービス機関のマネジメント——マネジメント認識の進化・その1……164
「マネジメントの役割」に関する認識の進化……164
『現代の経営』でのマネジメント認識と歴史的な制約……165
『マネジメント』(一九七三年)でのマネジメント認識……166
多元社会の到来(第11章)……168
公的サービス機関の不振の原因(第12章)……169
公的サービス機関の成功の条件(第14章)……170
3. 経営戦略のマネジメント——マネジメント認識の進化・その2……172
『創造する経営者』(一九六四年)での「事業戦略」論……172
『マネジメント』(一九七三年)での「事業戦略」論……174
4. マネジメントの社会的責任に関する考察——マネジメント認識の進化・その3……175
『企業とは何か』、『現代の経営』におけるマネジメントの社会的責任論……175
『現代の経営』から『マネジメント』へ……177

社会に与えるインパクトの処理と社会への貢献（第25章）
――「社会的イノベーション」の提案……177
社会的責任の限界（第26章）……180

講義Ⅸ 「イノベーションを行う組織こそが、これからの時代の主役である。」
――『現代の経営』から『イノベーションと企業家精神』へ：「断絶の時代」の到来と「イノベーションの発明」……183

はじめに……185

1．『現代の経営』から『断絶の時代』、『マネジメント』へ
――イノベーションの役割認識の進化……187
マネジメントの体系におけるキーコンセプトとしてのイノベーション……187
シュンペーターによる「イノベーションの発見」……190
『断絶の時代』『マネジメント』でのイノベーションへの言及……192

2.『イノベーションと企業家精神』による「イノベーションの発明」 194
「イノベーションの方法」――「七つの機会」と「アイデアによるイノベーション」 195
「企業家精神」 197
「企業家戦略」 199
『イノベーションと企業家精神』（イノベーションの発明）が求められた背景
――「断絶の時代」の到来 200
3.「意図した成功」から「予期せぬ成功」へ 202
経済現象における「すでに起こった未来」を認識する 202
4.「アイデアによるイノベーション」へのアプローチ 205
ドラッカーの評価 205
「アイデアによるイノベーション」の積極的活用のために
――過去の成果を「転用」する「類推（アナロジー）」を働かせる 207
参考文献 211

ドラッカー『現代の経営』が教える「マネジメントの基本指針」

講義 I

「マネジメントの発明」とは何か

——発明された「マネジメントの基本指針」

「マネジメントが主導的な機関として出現したことは、人類史上画期的な出来事である。社会の新しい基本的な機関、主導的な機関として、マネジメントほど急速に現れたものはなかった。」「文明が存続するかぎり、マネジメントは基本的かつ支配的な機関として残る。それは、近代経済の特性および企業のニーズからして不可欠のものである」(Drucker, 1954: 邦訳・上、二〜三ページ)

1.「マネジメントの発明」としての『現代の経営』

「マネジメント発明」の記念碑『現代の経営』(一九五四年)

ドラッカーは「マネジメントを発明した男」といわれます。二〇〇五年一一月二八日号の *Business Week* 誌は、同年一一月一一日九六歳で逝去したドラッカーを追悼したカバーストーリの表題を「マネジメントを発明した男(THE MAN WHO INVENTED MANAGEMENT)」としました。

一九五四年に刊行された『現代の経営(*The Practice of Management*)』はその「マネジメントの発明」の記念碑的作品とされています。ドラッカーのマネジメント学が論じられるとき、本書が外されることはありません。それは今日、マネジメント学という社会科学の一重要分野の紛れもない古典です。またそれは、いまもマネジメントを学ぶもののもっとも普遍的な教科書として多くの人々に読み継がれています。

しかし、本書が社会科学の古典として、それ自体を体系的に理解しようという試みはあまりありません。ドラッカーのマネジメント学が論じられるとき、その体系的核心は、彼の七〇年に及ぶ著述生涯で著わされた五〇冊にも及ぶ著作の中で、時間を超えて論じられることが多くなっています。一九五四年というドラッカーの著述生涯の初期に書かれた本書『現代の経営』の中にすでにそれ以後の彼のマネジメント学の核心が著わされているのですが、それらが以後の彼のマネジメント学の展開の中で多岐にわたり進化していった経緯を考えると、これはやむをえないことかもしれません。

他方、『現代の経営』は、社会科学の一著作として、一九五〇年代前半という時代に著わされたものであり、圧倒的に多くの普遍性をもつとはいえ、時代状況も反映して、当然のこととして時代的な制約も持っています。（この点については、本書講義Ⅷ、Ⅸを参照ください。）

私たち後学のものは、今日ドラッカーを学ぼうとするとき、彼のマネジメント学の原点ともいうべき『現代の経営』についてそれ自体の見事な体系とその背景を、その制約も含めて理解を深めておくことが必要ではないかと考えます。

本書はそのような気持ちから書かれました。

ドラッカー『現代の経営』邦訳初版（野田一夫監修・現代経営研究会訳、1956年、自由国民社刊）の表紙

発明された「マネジメントの基本指針」

それではドラッカーが『現代の経営』で発明したとされるマネジメントとはどのようなものでしょうか。「発明」されたとされる限りは、それはマネジメントに携わる後世の人々が誰でも習得して使える、いわば「道具」でなければなりません。このようなものとしてみたとき、私たちに提示されているのは、『現代の経営』を構成する各部で示されている「マネジメントの基本指針」に他なりません。これこそが「発明」されたマネジメントの具体的内容です。

『現代の経営』で果たされた「マネジメントの発明」は、具体的に以下のような七つのマネジメントの指針に要約されます。

(1)「マネジメントは実践である。成果を上げなければならない。」
(2)「企業の目的として有効な定義は一つしかない。顧客の創造である。」
(3)「自己管理による目標管理こそ、まさにマネジメントの『哲学』である。」
(4)「組織の構造は事業の目標の達成を可能にするものでなければならない。」
(5)「人こそ最も大きな潜在能力を持つ資源である。」
(6)「経営管理者にとって決定的に重要なもの、それは真摯さである。」
(7)「今やマネジメントのあらゆる行動が、社会的責任に根ざしたものであることが必要である。」

ドラッカーの発明したマネジメントの要諦は、これの七つの指針に要約できます。これらの原則が、『現代の経営』の序章から第五部までに整然と説かれています。

『現代の経営』はドラッカーの最初の経営学書です。しかしこの中には、それからドラッカー自身によっても、また後続の経営学者たちによっても説かれ、展開された経営学のエッセンスというべきものが見事に整理されています。

「ドラッカーの経営学を勉強したいのですが、著書がたくさんあります。何から読んだらいいですか」とか「どれとどれを読んだらいいですか」という質問を受けることがあります。これに対しては、「ドラッカーが最初に書いた経営書、『現代の経営』をはじめから終わりまで、きちんと読むこと、これに尽きる」というのが私のお答えです。

2. マネジメント認識の「発想転換」としての『現代の経営』

『現代の経営』のエッセンスはドラッカーの「発想転換」から生まれた

『現代の経営』は、英文原著で約四〇〇ページ、邦訳(ダイヤモンド社刊、上田惇生訳)で五五〇ページに及ぶ大著です。その内容は、序論、結論を含めて以下のような七つの部分から成っています(以下、『現代の経営』の訳文は、上田惇生訳、ダイヤモンド社ドラッカー名著集による)。

序　論　マネジメントの本質
第Ⅰ部　事業のマネジメント
第Ⅱ部　経営管理者のマネジメント
第Ⅲ部　マネジメントの組織構造
第Ⅳ部　人と仕事のマネジメント
第Ⅴ部　経営管理者であることの意味
結　論　マネジメントの責任

（注）原著でbusinessとなっているところは、使われている個所での日本語の意味のニュアンスから、上田惇生訳では「事業」と「企業」との両様に訳されています。Businessには日本語の両方の意味が含まれているからです。本書でもそれが使われている個所での日本語の意味からBusinessは「事業」「企業」両様に使いますが、一部上田訳と一致しないところもあります。

ところで、このような大著を彩る『現代の経営』のエッセンス、マネジメントの指針はどのようにして生まれたのでしょうか。

結論的にいえば、『現代の経営』というこの大部なマネジメント学の体系ができ上がる契機になったのは、それまでのマネジメントについての認識からの決定的な「発想転換」でした。この著作の体系を構成する各部の核心はそれぞれドラッカーの、それまでのマネジメントについての認識からの「発想転換」によって生み出されているということです。ここに『現代の経営』を読み解く重要なカギがあります。『現代の経営』は序論、結論を含む七つの部(PART)から成っていますが、ひとことでいえば、それら各部はそれぞれのテーマに関わる「発想転換」を基礎にして成り立っています。

本書は、『現代の経営』にみるドラッカーの七つの「発想転換」を、部、章を追って辿ってみます。

『現代の経営』から『マネジメント』、『イノベーションと企業家精神』へ

『現代の経営』を読み解く重要なカギは、もう一つ、ドラッカーの後継の著作、とくに一九六四年の『創造する経営者』、一九六九年の『断絶の時代』、一九七三年の『マネジメント』、さらに一九八五年の『イノベーションと企業家精神』との関連であります。

中でも『現代の経営』と『マネジメント』は直接の継承関係にあります。それらの間のつながりは『現代の経営』を読み解く上で不可欠の課題です。両著作の間には二〇年近くの時間が経過していますが、マネジメントの実践を語る背景も大きく変化してきていました。その間の時代の変化を語るドラッカー自身の著作は一九六四年の『創造する経営者』、一九六九年の『断絶の時代』ですが、これらの認識を背景として、マネジメントの実践の課題も大きく展開していきました。

『マネジメント』にはそのことが色濃く反映しています。このことは、以下のような『マネジメ

ント』の構成の大枠を『現代の経営』のそれと対照するだけでも察知されます。
『マネジメント』は『現代の経営』をはるかに上回る、英文原著で約八四〇ページ、邦訳(ダイヤモンド社刊、上田惇生訳)で一、〇六〇ページに及ぶ大著です。その内容は、序論、結論を含めて以下のような五つの部分から成り、さらに各部が中括り(・で示す)でまとめられた六一の章から成っています(以下、『マネジメント』の訳文は、上田惇生訳、ダイヤモンド社ドラッカー名著集によります)。

序　論　マネジメント
第Ⅰ部　マネジメントの役割
・企業の成果
・公的サービス機関の成果
・仕事を生産的なものにし、人に成果をあげさせる
・社会に与えるインパクトの処理と社会への貢献
第Ⅱ部　マネジメントの方法
・マネジメントの仕事
・マネジメントのスキル
・マネジメントの組織

第Ⅲ部　マネジメントの戦略
・トップマネジメントの仕事と組織
・戦略と構造
結　論　マネジメントの正当性

以下、本書では講義Ⅷ、講義Ⅸで、『現代の経営』の構成を基本におきながら、さらにその主要な論点がどのように展開していったのかを、『マネジメント』との対比で辿ります。

どのような「発想転換」がなされたか

はじめに、『現代の経営』の体現されたドラッカーの「発想転換」がどのようなものであったか、その背景は何であったかについて概観しておきます。

『現代の経営』において、マネジメントについてのそれまでの通念が大きく転換されました。結論を少し先取りすることになりますが、以下にそれらを列記しておきます。

・序論　マネジメントの本質：「マネジメントは実践である。成果を上げなければならない。」

ドラッカーの「発想転換」の出発点は、そもそもマネジメントについてこれを独立した社会的機能としてとらえ、それについての知識の体系化を図ったということです。それまでにも、生産、販売、調達、財務会計など、企業経営に関わる個別機能についてはたくさんの本が刊行されていました。しかし、マネジメントを独自の機能としてとらえ、それを担う経営管理者を特別の責務を負う者として位置づけ、彼らの活動に必要な実践的な知識や修養を体系化したのは『現代の経営』が初めてでした。このような著作を企画したこと、それ自体がドラッカーの「発想転換」でした。

そのマネジメントの体系の最初の前提として、注目されるのは、「マネジメントを評価する究極の基準は、事業上の成果である」とされていることです。このことは当たり前のことをいっているようですが、きわめて重要な、意味深いものを含んでいます。とくに、既成のアカデミズムの世界に対してはそうです。ここからドラッカーは、「マネジメントは、厳密な意味における科学になりえない」という結論を引き出しています。これは、マネジメントというものが実践において成果を上げるためのものであるためには、単なる科学であることを超えて、より広い人間の活動能力、たとえばアートやクラフトといった、人間の感性や経験にもとづく直観の能力なども総合するものでなければならないということを意味しているからです。これは、マネジメント認識における大きな「発想転換」です。

・第Ⅰ部　事業のマネジメント：「企業の目的として有効な定義は一つしかない。顧客の創造である。」

『現代の経営』といえば、まず念頭に浮かぶのが「企業の目的として有効な定義は一つしかない。顧客の創造である」という有名な言葉です。これはドラッカーのマネジメント論の最大のエッセンスとして、今日に至っても依然としてその色は全く褪せていません。

それまで企業の目的といえば、「利潤（利益）の最大化」が当然のこととして前提されていました。それは経済学においては今も変わらないものです。しかしドラッカーは、企業の最大の関心事が「企業の存続」であるという企業世界の現実から、「利潤（利益）」の確保は前提ではなく、むしろ結果であるという発想に転換しました。そしてまず「顧客の創造」が前提であること、「利益（利潤）」はその結果であり、それは企業存続の原資として必要なものであるという考えに立つことになりました。これは、マネジメント論における画期的な「発想転換」でした。

ドラッカーは、このコンセプトに到達したことが『現代の経営』を書かせるきっかけになったと後に述懐している位です。

・第Ⅱ部　経営管理者のマネジメント：「『自己管理による目標管理』こそ、まさにマネジメントの『哲学』である。」

経営管理者のマネジメントについては、二つの大きな「発想転換」が前提となっています。第一は、「自己管理にもとづく目標管理」というマネジメントの「哲学」の形成です。もう一つは、「権限は組織の下位から発する」という、権限受容説の考えです。

前者、「自己管理にもとづく目標管理」は、「企業の目的は顧客の創造」という企業目的の定義と並んで、『現代の経営』におけるコンセプトの二大発明といわれているものです。

マネジメントが成果を上げるためには、構成員個々の利益と組織全体の目標が一体化することが必要です。ドラッカーはこれを「自己管理」を出発点にし、前提とすることによって実現しようとする「自己管理にもとづく目標管理」という新しい考え方を提起しました。目的管理という課題は、一般に成果をめざす経営効率化の観点から今日でも成果主義的に理解され、「目標はノルマ」とされるように、支配的マネジメントの象徴とされるような通俗的な理解があります。これに対してドラッカーが提起した「自己管理にもとづく目標管理」というマネジメントの哲学は、マネジメントの大きな「発想転換」でした。

もう一つ、権限の所在についていえば、この問題は組織運営における伝統的な問題ですが、ドラッカーの「権限は組織の下位から発する」という考えは、権限はまず組織の上位において発生しており、それが下位へ「委譲」される、つまり「権限の委譲」という発想で論じられる伝統的な権限理論の立場からすれば、全く逆転の発想でした。これも、ドラッカーの提起したマネジメントの大きな「発想転換」でした。

・第Ⅲ部　マネジメントの組織構造：「組織の構造は、事業の目標達成を可能にするものでなければならない。」

マネジメントの組織構造については、まず「どのような組織の構造を選ぶか」という問いかけそのものが「発想転換」でした。それまでの伝統的なマネジメントの発想は、「組織の最良のあり方がどのようなものか」を追求するというものであったからです。このような発想は、後に「組織構造は戦略に従う」という、有名なアルフレッド・チャンドラーの命題につながるものでした。さらに「組織は状況に対応しなければならない」という組織の状況対応理論、いわゆるコンティンジェンシー理論を生み出す、先駆的な組織理論の「発想転換」となりました。

・第Ⅳ部　人と仕事のマネジメント：「人こそ最も大きな潜在能力を持つ資源である。」

伝統的な経済学、経営学の立場からすれば、人は「コスト」の一要素でした。それは、他の無機質な資源、土地、建物施設、資本などと同様の扱いを受けてきました。それはいまも陰に陽に通常の経営学に残っているものです。そのような発想は企業の目的を利潤(利益)の最大化から発想するのと軌を一にするものでした。

ドラッカーはこの見方を大きく転換しました。「人」はその他の資源とはまったく異なる性格、とくにそれは自ら「調整し、統合し、判断し、想像する」能力をもつ資源であるという認識を浮上させました。それは言い換えれば、これまで経済学はもちろん、社会科学全般が前提としてきた「経済人仮説」、人間をもっぱら経済的利害によって行動する存在とみる人間仮説から、環境に積極的に適応し、環境を創造する、生きた人格としてみる「全人格仮説」への転換を意味しました。それは、「人こそ、最も大きな潜在能力を持つ資源である」という、人間の見方への大きな「発想転換」でした。

・第Ⅴ部　経営管理者であることの意味：「経営管理者にとって決定的に重要なもの、それは『真摯さ』である。」

これまで経営管理者について、その人間的適性や道徳性を問うということはありませんでした。彼らが担うべき仕事を機能的、合理的に実行し、成果を実現できるかどうかが中立的に問われるに止まっていました。

しかしドラッカーは、経営管理者が成果を上げるために、求められる適性や道徳性を問いました。そして、経営管理者に求められる最も大切なものとして、「真摯さ」ということをとりわけ重視しました。経営管理者は、知識や概念の教育だけでは明日の課題を果たすことができない。明日の経営管理者は仕事ができればできるほど「真摯さ」が求められると、経営管理者に求められる人間としての適性と道徳性を重視しました。これはやはり、マネジメントについての大きな「発想転換」でした。

・結論　マネジメントの責任：「今やマネジメントのあらゆる行動が、社会的責任に根ざしたものであることが必要である。」

最後に、結論として論じられているのは「マネジメントの責任」という問題です。ここでのドラッカーの考えの基本は、「今やマネジメントのあらゆる行動が、社会的責任に根ざしたものであることが必要である。基本的に、この社会的責任こそがマネジメントの倫理である」ということです。

これまでの伝統的な考え方からすれば、社会は企業にとって単なる環境でした。その環境に大きな負荷をかけない範囲で、企業は私的利益を追求することを最優先とすることが認められると認識されてきました。

しかし、いまやあらゆる企業は私的なものであっても社会の機関であり、社会的機能を担っている。その中で企業のマネジメントは、そのあらゆる行動が社会的責任に根ざしたものでなければならない、というのがドラッカーの考えでした。「私益と公益は統一されなければならない」、これがドラッカーの果たした重要なマネジメントの「発想転換」の一つでした。

以上、『現代の経営』で体現されているドラッカーのマネジメントについての「発想転換」のエッセンスを先取りして紹介しました。

マネジメント哲学二つの転換

それでは、このようなドラッカーの「発想転換」はマネジメントについての哲学をどのように変え、何を生み出したのでしょうか。

結論的にいえば、ドラッカーのこのような「発想転換」は、大きく二つの点でマネジメントの哲学を変えたといえます。第一は、マネジメントのあり方を「利益本位」のものから「顧客起点」のものに転換させたということです。第二は、それを「機能本位」のものから「人間起点」のものに変革したということです。

ここで注意していただきたいのは、「利益本位」から「顧客起点」のマネジメントへ、「機能本位」から「人間起点」のマネジメントへという表現です。「本位」というのはもっぱらそれを基本とするという意味です。これに対して、「起点」というのはあくまでのそれを「起点」としながら、さらに他の要素も包摂しているということを意味しています。

このことを踏まえてもう一度繰り返せば、ドラッカーはマネジメントのあり方を、(1)単に「利益本位」のものから、「顧客」ニーズの重視と「顧客」の創造を基本におきつつ、企業の長期的存続の条件としての「利益」を確実に確保する「顧客起点」のマネジメントに転換しました。また(2)単に「機能本位」のものから、意欲と創造力をもつ最も重要な経営資源としての「人間」を基本としながら、同時に組織の合理的で機能的な運営を実現する「人間起点」のマネジメントに変革するものであったということです。(以上の表現は、筆者固有のもので、ドラッカーのものではありません。念のため。)

「発想転換」の源泉(由来)は何か

ところで、このようなドラッカーの「発想転換」の源泉は何か。ドラッカーの「発想転換」の背景は何か。

それには二つの源泉、背景があると思われます。

第一は、ドラッカーが関わった企業の現実です。

第二は、当時のマネジメント研究の動向です。

第一にドラッカーが関わった企業の現実については、その一端を『現代の経営』の各部の冒頭におかれた、「シアーズ物語」、「フォード物語」、「IBM物語」で知ることができます。これらの企業物語の対象になった企業はドラッカー自身が一九五〇年代、経営コンサルタントとして関わったことが知られています。ドラッカーはこれらの企業との接触の中で、現実の企業の実態のなかで通説になっているマネジメントの認識とは違う現実を知り、それがマネジメントの「発想転換」の一つの源泉、背景になったと思われます。

この点で言えば、『現代の経営』の「企業物語」には取り上げられていないが、最大の「企業物語」の背景は、GMとGEであったといえます。これら二つの米国を代表した(今も代表している)大企業は、調査や経営コンサルタントとして、ドラッカーにとって格別に関係の深い企業でした。『現代の経営』にはこれら二つの企業の経験がふんだんに生かされていますし、これらの二つの企業での調査(GMの場合)とコンサルタント経験(GEの場合)がなければ、『現代の経営』はなかったかもしれません。

第二の、当時のマネジメント研究動向との関係についていえば、注目されるのは一九三八年、『経営者の役割(*The Function of the Executives*)』を刊行して近代組織理論の変革者といわれたチェスター・バーナードとの関係です。

バーナードは当時の組織理論家としては異色の存在でした。彼は本来アカデミズムの世界の人ではありませんでした。彼は一九二七年から二〇年間、米国ベル電話システム傘下のニュージャージー・ベル電話会社の社長を務めた企業人でした。この間、一九三七年に母校ハーバード大学のローウェル研究所から組織論の講義を依頼され、「経営者の役割」と題して八回の講義を行いました。この講義を基礎にまとめたのが後に「バーナード革命」といわれる近代組織理論の変革を呼び起こした名著『経営者の役割』(一九三八年刊行)でした。

『経営者の役割』に体現されるバーナードの組織理論は、経済人仮説を超える新しい人間仮説の上に、個人と組織の同時発展、下位における受容を基本におく新しい権限のあり方、経営者の道徳性などを説く、新次元の組織理論を打ち出しました。それは、機能主義と人間主義の両面を有する組織理論として評価されてきました。ドラッカーの「発想転換」との関係は後段で個別にわたり説明しますが、ドラッカーの「発想転換」と先達バーナードの理論と深い関係が察せられます。

ただ、ドラッカー自身はバーナードとのそのような関係には一切言及していません。これは、理論的な内容からの筆者の推測に止まります。しかし、ドラッカーは『現代の経営』の一九八六年版の「まえがき」で、同書以前にマネジメントについて参考にできるものがほとんどなかった中で、フレデリック・テイラー、メアリー・パーカー・フォレット、そしてチェスター・バーナードの三人の業績を高く評価しているのは印象的です。

3.「マネジメントの発明」の根底にあったもの

経営者の支配に「権力の正統性」はあるのか

──一九三九年『経済人の終わり』、一九四二年『産業人の未来』のドラッカー

「マネジメントの発明」の記念碑とされる『現代の経営』の根底にあったものは何でしょうか。一言でいえば、それは、今(当時)まさに浮上してくる産業社会の経営者支配に「権力の正統性」はあるのかという、ドラッカーのいわば根源的な問いでした。

一九三九年刊行の処女作『経済人の終わり』と、それに続く一九四二年刊行の『産業人の未来』段階のドラッカーは、新しく浮上する産業社会の支配者が企業経営者であることを確認しつつも、かれらの支配に「権力の正統性」があるとすることを否定しました。しかも口調鋭く否定しました。

「ここでわれわれは、最も重要な結論に達する。すなわち、今日の経営陣の権力は正統な権力ではないということである。経営陣の権力は、いかなる観点から見ても、社会が権力の基盤として正統なものとして認めてきた基本的な理念に基づいていない。そのような理念によって制御されてもいなければ、制約を課されてもいない。そのうえ、なにものに対しても責任を負っていない。」(Drucker、1942：邦訳、九〇ページ)

そして、「いかなる社会的権力も正統でないかぎり永続することはできない。企業における権力も、広く認められた正統性を基盤としないかぎり、消えざるをえない。そのような権力は、中央政府によって容易に奪われる。政府がそれを欲するからではなく、国民が要求するからである」

と述べました(同上邦訳、一一七ページ)。

当時欧米社会では、財産権こそが権力の基盤であるという認識が一般的でした。しかし到来しつつある産業社会では財産権をもたない経営者(所有なき経営者)が急速に台頭し、彼ら企業の経営者が企業を支配し、さらに社会に対して大きな影響をもつ現実が広がりつつありました。しかもまだ、財産権に代わる権力基盤の説明は見出されておらず、旧来からの社会観念と現実の間には大きなジレンマが生じていました。

一九五四年『現代の経営』のドラッカー

しかし、一九五四年の『現代の経営』に至りますと、ドラッカーは「マネジメントの責任」と題されたその結論部分で、かれが到達した認識を次のようにまとめています。

「歴史的に見るならば、社会は常に、そのような永続的な力の集中、少なくとも私人のもとへの集中、特に経済的な目的による集中を拒否し続けてきた。しかしこの力の集中、すなわち近代企業の存在なくしては、産業社会そのものが存立しえなくなっている。

かくして社会は、最も容認しがたいものを企業に与えることになった。第一に、永久とまではいかなくとも永続的な免許を『法人』としての企業に与えた。第二に、企業のニーズが要求する範囲内において、経営者に権限を与えた。」

ドラッカーはこうして、経営者支配の「権力の正統性」を認識することになりました。彼はその上で、さらに次のように述べています。

「しかしこのことは、企業とその経営者に対し、私有財産に伴う伝統的な責任をはるかに超える、まったく異質の新しい責任を課すことにもなった。企業と経営者に課された責任は、もはや私有財産の所有者の私益は公益に資するとか、私益と公益は分離しておくことができ互いに何の関わりもないと見ることができる、などといった前提にたっては果たすことはできない。それどころか、いまや経営管理者は、公益に責任をもつべきこと、自らの行動を倫理的基準に従わせるべきこと、そして、公共の福祉や個人の自由を害する可能性があるときには、自らの私益と権限に制約を加えるべきことを要求されている。」(以上の引用は、Drucker、1954：邦訳・下、二六五ページ)

こうしてドラッカーは、経営者支配の「権力の正統性」を確認するとともに、同時に経営者には、これまでの私有財産に伴う伝統的な責任をはるかに超えるまったく異質の新しい社会的、公益的責任を課すことになったと強調しています。

一九四六年『企業とは何か』がもたらしたもの

一九四二年の『産業人の未来』から一九五四年の『現代の経営』への、経営者支配の「権力の正統性」についてのドラッカーの立場の転換は、なにを背景にして進んだのでしょうか。

この二つの著作の間に、ドラッカーは米国を代表する大企業GM（ゼネラル・モーターズ）から請われて同社の内部組織調査を行う貴重な機会を得ました。そして、その結果は一九四六年、『企業とは何か』として著されました。結論的にいえば、このGM調査とその成果『企業とは何か』が見出したものが、経営者支配の「権力の正統性」に対するドラッカーの立場を大きく転換させることになったと思われます。

ドラッカー『企業とは何か』原著（1946年刊）の表紙

そのような企業観転換の根幹となったのは、伝統的な財産権・所有権のもとづく、「株式会社」としての企業観から、企業を「事業体」「組織体」としてみる企業観への転換でした。この、「株式会社」としての企業観から、企業を「事業体」「組織体」としてみる企業観への転換こそが、経営者支配の「権力の正統性」についての認識を転換させるは背景となったとみられます。

実際に三年間にわたるGMの内部組織調査は、ドラッカーの企業についての認識を大きく変えました。

この調査をとおして、ドラッカーは企業という存在を「事業を遂行するための人々の組織」として捉えるようになりました。企業はまずなによりも様々な仕事を分担する人々と、それらの人々の活動を指揮する管理者の組織であり、さらにそのような人々の事業活動を支える様々な連携関係も含めた一つの組織である。このような企業観からすれば、財産権者・所有権者（株主）もまた、「株式会社」としての企業にとっての決定的な重要さにも関わらず、企業という組織の一つの構成員とみられることになりました。

このような認識をベースに、ドラッカーはさらに「社会の代表的な組織としての企業」、「産業社会成立の条件としての企業」という企業認識に到達し、そこから、「企業の社会的責任」、企業の生産活動を通しての「社会の要求と個人の欲求の調和」の実現といった、これまでの通常の企業認識では乏しかった企業の社会性を強くアピールすることになりました。

このような認識の転換は、企業における「権力の正統性」の理解についても大きな転換をすすめることになりました。「株式会社」から「事業体」への企業観の転換は、企業における権力の所在を株式会社における「株主支配」から、事業体における「経営者支配」へ、大きく転換し、経営者支配の「権力の正統性」を確信させることになったと思われます。

経営者支配の「権力の正統性」の確信は、さらに根源的にいえば、「支配」概念の転換を孕んでいました。それは、「財産権(所有)」から「機能」への支配概念の転換であり、「機能」による支配の容認であったのです。

ナチズムとの闘いの勝利

しかし、ドラッカーに経営者支配の「権力の正統性」を容認させた精神的な最大の背景は、それに先立つナチズム、全体主義の崩壊と、これによって実現の見えてきた「自由で機能する産業社会」への展望であったと思われます。

ドラッカーにとってのナチズムとの闘いは、到来しつつある新しい社会、「産業社会」という新しい社会が「自由で機能する」社会として確立できるかどうかをめぐる闘いでした。このような闘いの中で、伝統的な財産権・所有権に基づかない経営者支配の「権力の正統性」を容認することは、同じく伝統的な財産権・所有権を無視して成立してきたナチズムの「権力の正統性」を容認することにつながりかねないものでした。

大企業における株式所有の分散化と所有と経営の分離、それにもとづく経営者支配の現実の中で、当時すでに、経営者支配に対する「権力の正統性」を容認する考えが登場してきていました。その代表は、一九四一年刊行されたジェームス・バーナムの『経営者革命（*The Managerial Revolution*）』でした。バーナムは、「経営者は主権のありかを変える」（Burnham、1941：邦訳、第一〇章）と述べ、経営者の権力はそれ自体「正統性」をもつとしました。

しかし、ドラッカーはこれに対して、「先進国の国民は依然として、財産権を正当な権力の基礎としている」とし、「現実の支配が理念的な正当性を生むというバーナム……の主張には、いかなる根拠もない」と、バーナムの主張を退けました（Drucker、1942：邦訳、一一七ページ）。その背景にあったのは、「現実の支配が理念的な正当性を生む」という考えを認めれば、ナチズムの「権力の正統性」もまた認めざるをえなくなるという厳しい現実でした。

しかし、一九四五年、ナチズムは崩壊し、経営者の支配によって自由な機能する産業社会への展望が大きく開けてきました。このような産業社会の将来をめぐる政治状況の大転換は、ドラッカーに、経営者支配の「権力の正統性」を容認させる大きな背景となったと思われます。

『現代の経営』刊行と「マネジメントの発明」

経営者支配の「権力の正統性」を肯定するとすれば、次に必然的に必要となるのは、これを裏付ける経営者の「マネジメント機能」の実践的知識体系の確立でした。「マネジメント機能」の発揮はもはや、特定の人々の資質や才能ではなく、誰でも身につけ得る普遍的なものにならなければならなかったのであり、そのためには、「マネジメント機能」の客観的な知識体系が確立される必要がありました。

一九五四年『現代の経営』は、まさにそのようなものとして世に問われました。これが「マネジメントの発明」といわれる所以であります。

しかしドラッカーは、この『現代の経営』に至る思考の過程を自身でそれほど詳細に書き残しているわけではありません。この点でほとんど唯一参考になるのは、同上書、一九八六年版に付された「はじめに」でしょう(この「はじめに」にはThanksgiving Day,1985年の記録がある)。この文章は、簡潔な叙述の中に、ドラッカーが『現代の経営』を著した当時に自身の研究の背景や、「マネジメント」に関する史上最初の体系書としての同書に対する自負を興味深く伝えています(この「はじめに」は、同上書、一九九八年版邦訳・ドラッカー選書に収録されていますが、二〇〇六年版邦訳・ドラッカー名著集には、要約的にのみ収録されています)。

この「はじめに」で、ドラッカーは、『現代の経営』に先立つマネジメントの先駆的業績、一九一一年刊行の、フレデリック・W・テイラーの『科学的管理法』、一九一六年刊行の、アンリ・ファヨールの『産業ならびに一般の管理』、一九三八年刊行の、チェスター・I・バーナードの『経営者の役割』、一九四一年刊行の、メアリー・パーカー・フォレットの『組織的行動――動態的管理』、一九四五年刊行の、エルトン・メイヨーの『産業文明の人間問題』、をあげつつ、それらが企業のマネジメントについての理解を社会的に深める上で果たした役割を讃えました。それらの中でもとくに、テイラー、バーナード、フォレットの業績を高く評価しました。さらにそれらの先駆的業績の一つに、一九四六年刊行の、自身の『会社とは何か』を上げています。

しかし、それらの先駆的成果にもかかわらず、『現代の経営』は「世界で最初の経営書」であるとし、次のように述べました。

「(それは)マネジメントを全体として見た初めての本であり、マネジメントを独立した機能としてとらえ、マネジメントすることを特別の仕事として理解し、経営管理者であることを特別の責務としてとらえた最初の本である。」(Drucker、1954：一九九八年版邦訳・上、「はじめに」ⅳページ)

ドラッカーは、「それ以前のマネジメントに関する本はすべて、そして今日に至るもそのほとんどは、マネジメントの一局面をみているにすぎない。しかも通常、組織、方針、人間関係、権限など、企業の内部しか見ていない」と述べ、これに対して『現代の経営』は、企業を次の三つの次元でみたといっています。

第一に、市場や顧客のために、経済的な成果を生み出す機関

第二に、人を雇用し、育成し、報酬を与え、彼らを生産的な存在とするための組織、したがって統治能力と価値観をもち、権限と責任の関係を規定する人間的、社会的組織

第三に、社会やコミュニティに根ざすがゆえに、公益を考えるべき社会的機関

その上で、『現代の経営』は、……今日われわれがマネジメントの体系としているものを生み出した。……実はそれこそ、『現代の経営』を書いた目的であり、意図だった」と述べています。(以上、Drucker、1954：一九九八年版邦訳・上、「はじめに」v～viページ。)

こうしてドラッカーは、『現代の経営』によってそれまでだれも果たしたことのなかった「マネジメントの体系」を世に問い、これによって、現代産業社会における経営者支配の「権力の正統性」を確立しようとしました。そしてこれこそが、「マネジメントの発明」、具体的には「マネジメントの基本指針」に結実したのです。

講義Ⅱ

「マネジメントは実践である。成果を上げなければならない。」

――マネジメントの本質（『現代の経営』序論）

「マネジメントの評価では中心的な要素も、政治家にとっては数多くの要素の一つにすぎない。同じ命題から導かれる次の結論は、マネジメントが、厳密な意味における科学になりえないということである。」

「マネジメントを評価する究極の基準は、事業上の成果である。知識ではなく、成果が当然の基準であり、目的である。言い換えるならば、マネジメントは、科学や専門職業の要素を含んではいても、そのいずれでもなくあくまでも実践である。」(以上、Drucker, 1954：邦訳・上、一〇、一一ページ)

マネジメントの出現――「マネジメントは現代社会の基本理念を反映する存在」

『現代の経営』は、原著の表題をそのまま訳せば『マネジメントの実践（*The Practice of Management*）』となっています。そこで『現代の経営』はまず基本テーマである「マネジメント」を定義し、その社会的、歴史的意味を問うことから始まっています。

本書は冒頭、「マネジメントとは、事業に命を吹き込むダイナミックな存在である」とし、「そのリーダーシップなくしては、生産資源は資源にとどまり、生産はなされない。彼らの能力と仕事ぶりが、事業の成功さらには事業の存続さえ左右する」（Drucker, 1954：邦訳・上、二ページ）と述べています。

その上で、「マネジメントが主導的な機関として出現したことは、人類史上画期的な出来事である。社会の新しい基本的な機関、主導的な機関として、マネジメントほど急速に現れたものはなかった。」「文明が存続するかぎり、マネジメントは基本的かつ支配的な機関として残る。それは、近代経済の特性および企業のニーズからして不可欠のものである」（同上邦訳、二～三ページ）といいます。こうしてドラッカーは、現代文明におけるマネジメントの普遍性、これから人類がつくり出す文明には、文明の如何を問わずマネジメントというものが基本的な役割を果たさなければならないことを強調しています。

マネジメントとは何か――三つの機能

それではマネジメントとは何か。それは何をするものか。

まずドラッカーは、マネジメントとは、「組織体に固有の機関」であるといっています。いいかえれば、組織というものはすべて、その法的な構造の違いにかかわらず、生きた存在として機能するためにはマネジメントという「機関」を必要とするということです。

ドラッカーはマネジメントを説明する際、「機関」というところから入っているのが特徴です。マネジメントという場合、組織を「マネージすること」というように「機能」的に理解されるのが普通です。しかし、「機能」としてのマネジメントはあくまでも「機関」あっての「機能」であるというのがドラッカーの考え方です。

ところでドラッカーは、今日(『現代の経営』刊行の当時)、一般にマネジメントとは、「企業のマネジメント」のことを意味する、そしてその企業の存在理由は、財とサービスの提供にあるといいます。

そこで、ドラッカーはマネジメントの機能を次のように規定します。

「マネジメントは、あらゆる意思決定と行動において、経済的な成果を第一義とする。企業のマネジメントは、経済的な成果を上げることによってのみ、その存在と権威が正当化される。……経済的な成果を上げられなければ、マネジメントは失敗である。」(Drucker, 1954：邦訳・上、

八ページ）

ここから導かれることは、マネジメントの第一の機能は、企業が財とサービスの供給を通して経済的成果を上げるための「事業のマネジメント」であるということです。この成功なしには、マネジメントの存在意義はありません。

しかし事業が経済的成果を上げるためには、それに相応しい組織をつくり上げる必要があります。人的資本を使って経済的成果を上げる組織をつくり上げることが必要です。その要をなすのが経営管理者（マネジャー）です。したがって、マネジメントの第二の機能は「経営管理者のマネジメント」であることになります。

さらにそのような経営管理者のもとで、人々に仕事を適切に配置し、最も生産的、効果的に仕事が実現できるように人々を組織することが必要です。したがって、マネジメントの第三の機能として「人と仕事のマネジメント」が必要ということになります。

これら三つのマネジメントの機能をいかに有効に実践していくか。『現代の経営』はこれらを順次解明していく仕組みをとっています。

発想転換としてのマネジメント認識の体系化

本書は以上のような『現代の経営』に結晶した、マネジメントに関する認識でのドラッカーの発想転換を体系的にあきらかにしようとしています。

ここではじめに強調しなければならないことは、『現代の経営』という著作自体が発想転換の産物であったということです。

『現代の経営』が執筆された時代のマネジメントに対する社会的関心や研究状況については講義Iでも紹介しましたが、ドラッカーは、一九五四年に刊行した『現代の経営』以前にも数は少ないが、マネジメントに関する著書は出ていたと回顧しています。ドラッカーがそのような先駆的業績として、フレデリック・テイラーの『科学的管理法』(一九一一年)、アンリ・ファヨールの『産業ならびに一般の管理』(一九一八年)、チェスター・バーナードの『経営者の役割』(一九三八年)、メアリー・フォレットの『組織的行動 —— 動態的管理』(一九四一年)、エルトン・メイヨーの『産業文明の人間問題』(一九四五年)を挙げています。そしてそれらが企業のマネジメントについての理解を社会的に深める上で果たした役割を讃えました。

しかし、それらの先駆的成果にもかかわらず、『現代の経営』は「世界で最初の経営書」であるとしました。「(それは)マネジメントを全体として見た初めての本であり、マネジメントを独立した機能としてとらえ、マネジメントすることを特別の仕事として理解し、経営管理者であることを特別の責務としてとらえた最初の本である」(Drucker, 1954：一九九八年版邦訳・上、「はじめに」ivページ)といっています。

ドラッカーは、「それ以前のマネジメントに関する本はすべて、そして今日に至るもそのほとんどは、マネジメントの一局面をみているにすぎない」のに対して、『現代の経営』は、マネジメントを、経済的な成果を生み出す機関、人々を雇用し、育成し、報酬を与え、彼らを生産的な存在とするための組織、さらに公益を考えるべき社会的機関、という三つの次元からみたといっています。

こうしてドラッカーは、『現代の経営』によってそれまでだれも果たしたことのなかった「マネジメント認識の体系」を世に問いました。ドラッカーの発想転換という場合、まずこのこと自体が強調されなければなりません。そしてこれこそが、「マネジメントの発明」といわれるものとなったのです。

「マネジメントは、厳密な意味における科学になりえない。」

もう一度『現代の経営』の冒頭の、「マネジメントは、あらゆる意思決定と行動において、経済的な成果を第一義とする」という叙述に帰ります。

ここで注目されるのは、ドラッカーがこの命題から二つの「限定」を引き出していることです。

一つは、この命題の適用範囲についての限定です。ドラッカーは企業のマネジメントに関わる技能、能力、経験を事業体のマネジメント以外に適用することを抑制しています。この点については、もう一度後に述べます。

この命題から導かれるもう一つの「限定」としてドラッカーが指摘しているのは、「マネジメントが厳密な意味における科学にはなりえない」ということです(Drucker, 1954：邦訳・上、一〇ページ)もとより、ドラッカーもいうように、マネジメントの仕事は、多くの分析的、論理的側面を必要としており、勘や才能で行うものではありません。それは論理的な分析と、体系的な知識の習得によって、普通の人間ならだれでも学習し、実行できるものであり、そのようなものを目指さなければなりません。「実のところ本書は、直感的なマネジメントの時代が終わることを前提としている」(同上邦訳、一〇ページ)とドラッカーはいっています。

しかしそれにもかかわらず、とドラッカーはいいます。「マネジメントを評価する究極の基準は、事業上の成果である。知識ではなく、成果が当然の基準であり、目的である。言い換えるならば、マネジメントは、科学や専門職業の要求を含んではいても、そのいずれでもなく、あくまでも実践である。したがって、マネジメントの仕事に免許を与え、あるいは特別の学位をもつ者だけに資格を与えてマネジメントを専門職化することほど、経済と社会に害をもたらすものはない。」(同上邦訳、一一ページ)

こうしてドラッカーは、マネジメントはあくまでも実践であり、その評価は成果によって決まるといいます。これは、マネジメントが科学を重要な要素として前提としつつも、それは科学を超えるより多様で多面的な人間力を必要とするものであることを意味しています。

マネジメント教育の必要性――『現代の経営』から『マネジメント』へ

このようなマネジメントについて、ドラッカーは、「マネジメントの仕事に免許を与え、あるいは特別の学位をもつ者だけに資格を与えてマネジメントを専門職化することほど、経済と社会に害をもたらすものはない」(Drucker, 1954：邦訳・上、一一ページ)と述べて、一見マネジメントの教育に懐疑的であったかのような印象を与えます。

しかし、必ずしもそうではありません。ドラッカーは第一五章「経営管理者の育成」、さらに最終章である第二九章「明日の経営管理者」で経営管理者育成のための高等教育のあり方について論じています。この点については、後に触れます。

さらにドラッカーは、『マネジメント』の第Ⅱ部「マネジメントの方法」の中で第三三章「マネジメントの教育」という章を設け、マネジメント教育の必要性を説いています。ドラッカーは、マネジメントの世界はますます複雑化し、マネジメントの人間が成果を上げるために必要とされる知的な能力はますます複雑で高度なものにならざるを得なくなっている。しかし、「マネジメントの人間は育つべきものであって、生まれつきのものではない。したがって、われわれは明日のマネジメントの育成、確保、スキルに体系的に取り組まなければならない。運や偶然に任せることは許されない」(Drucker, 1973：邦訳・中、五六ページ)といいます。

と同時に、「マネジメント教育は、企業と社会が必要とするだけではない。マネジメントの人間一人ひとりが必要とする。彼ら自身が生き生きと活動するために必要とする。常に挑戦するために必要とする」(同上邦訳、五六〜五八ページ)と述べて、個人が企業や社会で自己実現を果たしていく上でマネジメント教育の必要性を説いています。その上で具体的に、その適齢期を四〇歳の半ばとしています。

しかし、こうしてマネジメント教育の必要性と同時に、それまでのマネジメント教育ブーム(ＭＢＡブーム)に対しては疑いの目を向けなければならないとして、マネジメント教育のあるべき姿に厳しい注文をつけています。

ドラッカーは、「マネジメント教育にあらざるもの」として、三点をあげます。

第一に、マネジメント教育とは、セミナーに参加することではない。

第二に、エリート教育のためのものではない。

第三に、マネジメント教育は、人の性格を変え、人を改造するためのものではない。成果をあげさせるためのものである。

とくに第一の点に関わって、ドラッカーは自分の経験から、米国都市部の大学の夜間コースのように就業時間外に開いているセミナーや、一ないし二週間のコースを断続的に繰り返し、学習したことを直ちに応用できるものに効果的なものがあるとし、マネジメント教育はあくまでも行動志向的でなければならないと説いています。

「マネジメントは行動志向たるべきものである。哲学ではないし、哲学たらんとしてもならない。学んだこと、考えたことを直ちに利用できなければ、せっかくのマネジメント・コースも意味をなさない。情報に止まり、知識とはならない。金曜に学んだことを翌週の月曜日に適用できないのであれば、教育をうけたことにはならない。」(同上邦訳、六〇ページ)

「もはやドラッカーを読まない」という最近の米国ＭＢＡ事情

このようなドラッカーのマネジメントとマネジメント教育に関する考え方に対して、近年、「アメリカの経営学者はドラッカーを読まない」というメッセージを売り物にした米国ＭＢＡの事情紹介がなされています。入山章栄さんの『世界の経営学者はいま何を考えているのか』(二〇一二年、英治出版)がそれです。

同書は、「経営学の本としてピーター・ドラッカーの著作を普段から読んでいる教授はいませんん」、なぜかというと、「世界の経営学は科学を目指している」が、ドラッカーの言葉は「名言ではあっても、科学ではない」から、という趣旨のことを繰り返し述べています(同上書、一一三〜一一七ページ)。

同じ文脈で、「ハーバード・ビジネス・レビュー(HBR)は学術誌ではない」、なぜなら「HBRに掲載されている論文には、学者が紹介する経営分析の新しいツールや、最新の企業戦略の動向などは語られていますが、それらの科学的な分析の仔細が報告されているわけではない」からだといいます(同上書、一八～一九ページ)。

いずれにしても、そこでのキーワードは「科学」であり、「世界の経営学は科学を目指している」ということです。

ドラッカーについてこの種の評価がなされてきたのは、もとより今さらのことではありません。ここで紹介している『現代の経営』が世に問われたのは一九五四年、わが国で邦訳が登場したのは一九五六年ですが、ドラッ

ハーバード・ビジネススクールのゲート標識

カーのマネジメント論が経営学の学会で学問としての正当な評価を受けたことはなかったといっていいでしょう。世の大学の経営学部のカリキュラムでドラッカーのマネジメント論が全うな位置づけを得たことは、本場の米国でも、ドラッカーの人気の高かった日本でもきわめて少なかったように思われます。既存の経営学会からみれば、ドラッカーは学者ではなく、あくまでも経営評論家であり、経営コンサルタントであったのです。

ミンツバーグのMBA批判——『MBAが会社を滅ぼす』(二〇〇四年)

このようなドラッカーの評価の背景にあるのは、マネジメントというものに対する認識の違いでした。既成の学界で受け入れられる経営学は「科学」でなければならなかった。したがって、今日「世界の経営学は科学を目指す」というのも不思議ではありません。

しかし、ドラッカーがすでに『現代の経営』の冒頭でマネジメントの本質としていったことは、そもそも「マネジメントは実践であり、成果を上げることを第一義とする」ものであるということです。そして、そのようなマネジメントは「厳密な意味における科学にはなりえない」ということでした。

この点について、今日もっとも明解な論議を展開するのは、ドラッカー亡き後の代表的な経営学者として評価の高いヘンリー・ミンツバーグでしょう。

彼は、著書『ＭＢＡが会社を滅ぼす（*Managers Not MBAs*）』（二〇〇四年）のなかで、「マネジメントは実践である」、「マネジメントはサイエンスではない」という、ドラッカーを引き継いだ主張を明解に展開しています。

「サイエンスは、リサーチを通じて体系的な知識を獲得しようとするものだ。それはマネジメントが目指すところではとうていない。確かに、マネジャーは、ありとあらゆる知識を総動員しなくてはならない。サイエンスによって得られる知識も必要だ。しかし、マネジメントはサイエンスより、アートの側面が大きい。『直感』や『ビジョン』『洞察』はマネジメントの土台だ。……しかしそれ以上に、マネジメントはクラフト（＝技）の」側面が大きい。クラフトの土台をなすのは経験。つまり、クラフトは実際の仕事を通じて学ぶしかない。要するに、考えてから行動するのではなく、行動してから考えるべきなのだ。かなりの分量のクラフトに、しかるべき量のアート、それにいくらかのサイエンスが必要とされる仕事――、それはなににもまして実践の仕事だ。』（Mintzberg, 2004：邦訳、二一～二二ページ）

こうしてミンツバーグは、マネジメントはアート、クラフト、サイエンスの三要素から成り立つという考えを示しています。

日本を代表する経営学者・野中郁次郎さんも、マネジメントはサイエンスとアートを総合するものという理解を披露しています。

「経営は、特定の時間、場所、人・モノの関係性などの文脈に依存する。人間の主観や状況から切り離された普遍的法則は参考になる。しかし、その都度の文脈で最善の判断と行動が要求されるのが経営だ。どうありたいか(what)の理想を掲げ、科学的手法(how)を駆使しつつ、執拗に本質を問いながら(why)、状況に応じた卓越性(excellence)を究める。経営は単なる利益最大化のツールではなく、『生き方』なのだ。サイエンスとアートの総合が経営学の本来の使命だろう。」(『日本経済新聞』二〇〇七年一月二六日夕刊「経営は科学なのか」)

このような「マネジメントは実践である」という考えに立って、ミンツバーグは独特のマネジメント教育論を展開します。この点については、本書の講義Ⅶで具体的に紹介しますので、参照ください。

マネジメントの役割理解にみられる『現代の経営』の歴史的な制約
——『現代の経営』から『マネジメント』へ

『現代の経営』冒頭の叙述から引き出されるもう一つの「限定」は、この命題の適用範囲の「限定」です。ドラッカーは企業のマネジメントに関わる技能、能力、経験を事業体のマネジメント以外に適用することを次のように抑制しています。

「この命題は、マネジメントと経営管理者に対し、活動範囲を著しく限定するとともに、創造的な活動への大きな責任を課す。この命題が導く当然の結論は、事業のマネジメントに関わる技能、能力、経験は、そのままでは事業体以外の機関の組織化や運営には適用できないということである。」(Drucker, 1954：邦訳・上、九ページ)

この点は、一九五四年に著わされた『現代の経営』のもつ一つの時代的制約を端的に表していることで重要です。一九七三年の『マネジメント：課題、責任、実践』になると、その間の時代状況の変化を背景にこの点は大きく転換します。その背景となったのは、一九六九年刊行の『断絶の時代』が強調した「多元化の時代」、つまり企業以外にもさまざまな組織が社会活動を担う「組織の時代」の到来です。

『マネジメント』はその冒頭を「マネジメントの登場」と題して、次のように述べています。

「今や、あらゆる先進社会が組織社会になった。経済、医療、教育、環境、研究、国防など主な社会課題はすべて、マネジメントによって運営される永続的な存在としての組織の手にゆだねられた。一人ひとりの命までとはいかなくとも、現代社会そのものの機能が、それらの組織の仕事ぶりにかかっている。」(Drucker, 1973：邦訳上、二ページ)

このように述べて、マネジメントは今や、企業、政府機関、大学、研究所、病院、軍などの組織のための機関となっていると論じ、およそ組織が機能するには、マネジメントが成果を上げなければならないとしています(同上邦訳、四〜五ページ)。そして、企業以外の組織では、企業以上にマネジメントが必要とされており、今後マネジメントに対する関心が急速に高まるであろう。実際にすでに、自治体の水道局や大学など企業以外の組織においてマネジメントの欠如が問題となっていると述べています。

ここにみられるのは、『現代の経営』にみられるのとは大きく異なる状況認識です。

この点については、『現代の経営』から『マネジメント』へのドラッカーのマネジメント認識の進化をあきらかにする講義Ⅷで具体的にみます。

講義Ⅲ

「企業の目的として有効な定義は一つしかない。『顧客の創造』である。」

――事業（ビジネス）のマネジメント（『現代の経営』第Ⅰ部）

「事業が何かを決めるのは、生産者ではなく顧客である。社名や定款ではない。顧客が製品やサービスを購入して、自らを満足させる欲求が何であるかが事業を決める。したがって、『われわれの事業は何か』という問いに対する答えは、事業の外部、すなわち顧客や市場の立場から事業を見ることによってのみ得られる。」(Drucker, 1954：邦訳・上、六四～六五ページ)

1.「企業（ビジネス）の目的、それは顧客の創造である。」（第5章）

この概念はいかにして生まれたか

「企業とは何かを理解するには、企業の目的から考えなければならない、企業の目的は、それぞれの外にある。事実、企業は社会の機関であり、その目的は社会にある。企業の目的として有効な定義は一つしかない。顧客の創造である。」「企業が何かを決定するのは顧客である。財やサービスへの支払いを行うことによって、経済的な資源を富に変え、ものを商品に変えるのは顧客だけである。」（Drucker, 1954：邦訳・上、四六ページ）

これは周知の、ドラッカーによる企業の目的に関する規定です。ドラッカーといえばまず想起するのがこの命題であるといっても過言ではないでしょう。

しかし、このドラッカーの有名な命題の由来が語られることはありません。その位万人に納得的な命題であるということかもしれません。

ドラッカーはこの命題を『現代の経営』以前から使ってきていたわけではありません。この命題が上のように明確に打ち出されたのは紛れもなく『現代の経営』においてであります。

『現代の経営』以前において参考になるのは、一九四六年の『企業とは何か』です。

因みにいえば、『企業とは何か』は『現代の経営』に先立つドラッカーの企業論形成史に極めて重要な位置を占めています。本書は一九四二～三年の間、ＧＭからの依頼を受けて行った企業内部調査を基礎にした初めての本格的な企業論であり、『現代の経営』への成熟を予感させるものがあります。しかし、ここでは「企業とは何か」という問いかけは存在しますが、それに対して『現代の経営』にみられるような明解な命題はまだ提起されていません。

このことは、ドラッカーの思考史において『現代の経営』が執筆された時点で大きな発想転換があったことを意味しています。そのことを示すのは、第Ｉ部「事業のマネジメント」第４節「シアーズ物語」を受けて第５節「企業と何か」の冒頭で展開されている利潤動機と利益最大化理論の批判です。

「『シアーズ物語』から得られる第二の結論は、企業は利益の観点からは定義も説明もできないということである。」「事業体とは何かと問われると、たいていの企業人は利益を得るための組織と答える。たいていの経済学者も同じように答える。この答えは間違いなだけではない。的外れである。同じように、企業とその行動に関する一般に流布されたある経済理論、すなわち利益最大化の理論も完全に破綻している。……」(Drucker, 1954：邦訳・上、四三ページ)

こうしてドラッカーは、利益(利潤)の概念からの企業の定義を明確に否定し、「顧客の創造」という周知の企業の定義を提起しています。

一九四六年刊行の『企業とは何か』に立ち返ってみると、「利益とは経済活動の唯一の評価尺度」

とする考えが明言されています。

「現実には、利益のための生産こそ、企業が準拠すべき合理と効率の基本である。単に財サービスのための生産という考えでは、社会の要求と企業の要求は対立せざるをえない。」(Drucker, 1946：邦訳、二一五ページ)

「利益なくして経済活動がありうるとすることと同じように、利益以外に経済活動の成否の尺度がありうるとすることは、ナンセンスである。」(Drucker, 1946：邦訳、二一七ページ)

「利潤は経済活動の客観的な基準である。このことは、信条と体制の如何に関わらず、あらゆる社会についていえる。」(Drucker, 1946：邦訳、二一九–二二〇ページ)

これであきらかなように、ドラッカーの「企業の目的」についての考えは、『企業とは何か』から『現代の経営』に至って大きく転換しています。『企業とは何か』の段階においては経済社会と経済学の常識に沿って、利益(利潤)動機の視点に立っていました。しかし『現代の経営』に至ると、ドラッカーは利益(利潤)の概念からの企業の定義を明確に否定し、「顧客の創造」という周知の企業の定義を提起しています。

発想転換の背景(1)——「シアーズ物語」：「顧客」視点の獲得

このようなドラッカーの発想転換で注目されるのは、第Ⅰ部「事業のマネジメント」のイントロダクションとしておかれている第4章「シアーズ物語」の意義です。ドラッカーは、「シアーズ物語」を始めるにあたり「事業とは何か。事業のマネジメントとは何かを知るうえで、アメリカで最も成功している企業の一つシアーズローバックに勝るものはない」(Drucker, 1954：邦訳・上、三二ページ)と述べています。ここで注目されることは、実際にドラッカーは一九四六年『企業とは何か』の刊行後、五〇年にGEのコンサルタントに就任したのを皮切りにシアーズローバックやIBM、フォードなどからコンサルタントを依頼されていることです。

この時期、ドラッカーは、GMの実地調査を基礎にした『企業とは何か』の刊行をきっかけにいくつかの米国を代表する大企業でコンサルタントを依頼されることになりましたが、GMの調査を基礎に『企業とは何か』という画期的な著作を書き上げたように、コンサルタントとして関わった企業からさまざまな画期的なマネジメントの認識を得たことは疑いありません。その点では、シアーズローバックでのコンサルタント経験もドラッカーのマネジメント認識に大きな影響を与えたことでしょう。その結果が結晶しているのが「シアーズ物語」であるとみられます。

因みにいえば、『現代の経営』の各部の冒頭には、第1部第4章「シアーズ物語」、第II部第10章「フォード物語」、第Ⅳ部第19章「IBM物語」のように、具体的な企業のケースが語られています。そして対象となっているそれらの企業は、それぞれドラッカーがこの時期に組織的、人脈的に深いかかわりをもった企業です。その意味で、これらの導入物語は単なるイントロダクションではなく、実際にそれらの企業での経験が何らかの形で発想転換のきっかけとなったと見てよいでしょう。第Ⅲ部「マネジメントの組織構造」にはそのような働きをする導入章がないのが不思議ですが、ここにも導入章が設定されるとしたら、自らがその分権制を直接調査し、『企業とは何か』の基礎となったGMと、分権制組織、事業部制の採用に直接関わったGEの経験をベースとした、「GM・GE物語」となったであろうことは間違いありません。

「シアーズ物語」に帰れば、当時小売業界の最大企業であったシアーズローバックほど、一九世紀末の創業から当時までの間の市民生活の急激な環境変化を積極的に取り込んだ経営戦略を展開した企業はなかったといっていいかもしれません。

シアーズは二〇世紀初め、「アメリカの農民が孤立した独自の市場を形成しているとの認識から事業をスタートさせた。」(Drucker, 1946：邦訳・上、三三

シアーズローバック社の1902年カタログ表紙

ページ）　したがって、シアーズは農民相手の事業を展開するにあたって、顧客としての農民の特性、とくに農民にとって何が求められているかを十分に分析しておく必要がありました。その上で、そのような農民のニーズを満たすための商品、商品情報媒体（カタログ）、危険負担への保証、配送手段とそれにかかるコストの削減、それをになう人材と組織、などのイノベーションが必要でした。

　社名を与えたのはリチャード・シアーズでしたが、「シアーズを近代企業に育てたのは、ジュリアス・ローゼンワルトだった。彼は経営権を握った一八九五年から、シカゴに『発送工場』をつくった一九〇五年までの一〇年間に、シアーズを近代企業に育て上げた。」（Drucker, 1954：邦訳・上、三四～三五ページ）

　ローゼンワルトは、シアーズが農民市場への事業展開を考えた時のイノベーション課題を一つひとつ解決しました。彼は農民の求めている商品のメーカーを組織的に育成し、定期刊行のカタログを発行し、「満足保証。委細かまわず返金」という経営方針を打ち出しました。さらに、ヘンリー・フォードが新しい自動車工場を建設するために研究に訪れたという商品の「発送工場」を一九〇三年に完成しました（フォードのモデルT型工場がスタートするのは一九〇八年です）。このようなイノベーションを実現しながら、シアーズを近代企業に育て上げました。

　しかし一九二〇年代中ごろになると、シアーズの市場は急激に変化してきました。自動車の普及で農民は自由に都会へ買い物に出かけられるようになり、農民はもはや孤立した市場ではなくなってきていました。シアーズ自身の効果で、農民の生活水準や生活スタイルが急速に都会の人々と同化しつつありました。

また都市では経済の繁栄により都会の人々の所得水準が上がり、巨大な均質の都市市場が姿を現していました。

一九二〇年代シアーズの経営に加わることになったロバート・E・ウッドが、国全体が急速に一つの同質の市場に進化しつつある状況に相応しい企業体制の構築を担うことになりました。彼は、自動車をもつ農民と都市人口を顧客とするべく、シアーズの事業の重点を通信販売から店舗による小売業に転換するという決定を行いました。(同上邦訳、三六ページ)

小売りへの進出の意思決定は、一九二〇年代の半ばに行われましたが、基本的なイノベーションの数々は三〇年代の初めに行われました。小売りへの進出という新しい決定にはそれに相応しい体系的なイノベーションが必要でした。何よりも新しい市場状況に相応しい商品の開発と新商品の大量供給体制、そのためのメーカーの組織化が必要でした。この体制の整備はかつての「発送工場」の整備に匹敵するイノベーションでした。さらに新しい事業展開に相応しい人材の育成と分権化を軸とする組織構造のイノベーションが必要でした。これらを実現したシアーズは、一九三〇年代から四〇年代、新しい成長を実現しました。

しかし、ちょうど『現代の経営』が刊行される一九五〇年年代になると、自動車社会の成熟とともに、かつてシアーズの市場を変えた自動車が再びシアーズの小売り市場を変えようとしつつあったように見えます。また購買者の生活様式の多様化や勤務形態の多様化が市場の状況を再び変えようとしている、とドラッカーは指摘しています。そして、「もしこの見方が正しいならば、シアーズは、その歴史においてすでに二度にわたって行ったと同じように、市場と顧客について再び徹底的に分析しなければならない。シアーズは新しい目標を定めなければならない」といっています(同上邦訳上、四〇ページ)。

「シアーズ物語」の少し詳細な紹介になりましたが、この中には、企業とは何か、事業マネジメントとは何かについてのエッセンスが見事に詰まっています。シアーズが企業をつくり、発展させるために、いかに新しい「顧客」を創造し、そのために必要な条件のイノベーションを繰り返してきたかをこの物語から感じとることができます。

ドラッカーもまた『現代の経営』刊行に先立つ時期に、実際にコンサルタント活動をとおして、この物語の現実にふれ、企業の目的とは「顧客の創造」であるという、マネジメントの核心を掴みとったと思われます。

発想転換の背景(2)――「利益」概念の転換：前提としての「利益」から結果としての「利益」へ

ドラッカーが「利益（利潤）」視点の企業の定義から「顧客」視点の定義に転換した背景には、「シアーズ物語」に象徴される企業進化の現実と同時に、もう一つ、「利益」という概念の認識の進化がありました。さらにその背景にあったのは、企業の社会的な役割についての認識の深化であったと思われます。

『現代の経営』と『企業とは何か』の展開を対比したとき、企業の認識として大きく深化したと思われるのは、企業の目的規定に続く「企業家的な二つの機能」、つまりマーケティングとイノベーションについての展開です。

「企業の目的が顧客の創造であることから、企業には二つの基本的な機能が存在する。すなわち、マーケティングとイノベーションである。この二つの機能こそ企業家的機能である。」

「マーケティングは企業に特有の機能である。財やサービスを市場で売ることが、企業を他のあらゆる人間組織から区別する。教会、軍、学校、国家のいずれも、そのようなことはしない。財やサービスのマーケティングを通して自らの目的を達成する組織は、すべて企業である。逆に、マーケティングが欠落した組織やそれが偶然的に行われるだけの組織は企業ではないし、企業のようにマネジメントすることもできない。」(Drucker, 1954：邦訳・上、四七ページ)

「しかし、マーケティングだけでは企業は成立しない。静的な経済の中では企業は存在しえない。企業人さえ存在しない。……企業は、発展する経済においてのみ存在しうる。少なくとも変化が当然であり望ましいとされる経済においてのみ存在しうる。企業とは、成長、拡大、変化のための機関である。」「したがって、第二の企業家的機能がイノベーションである。すなわち、より優れ、より経済的な財やサービスを創造することである。企業は、単に経済的な財やサービスを供給するだけでは十分ではない。より優れたものを創造し供給しなければならない。企業にとって、より大きなものに成長することは必ずしも必要ではない。しかし、常により優れたものに成長する必要はある。」(同上邦訳、五〇ページ)

ドラッカーがこのように企業のマネジメントにとってマーケティングとイノベーションという二つの機能が不可欠であるという認識を持った背景は、「企業にとって第一の責任は、存続することである」(同上邦訳、六〇ページ)という認識であったと思われます。そのような認識に立てば、企業のマネジメントにとって最大の任務は企業の絶えざる成長を図ることであり、そのためには財・サービスに対する顧客ニーズの変転極まりない市場経済のなかで、顧客のニーズを的確に掴み、さらに新たなニーズを創造する営み、つまりマーケティングとイノベーションがまず何よりも重要であり、利益はその結果であるという認識は当然の流れです。

「企業にとって第一の責任は、存続することである」という認識は、利益(利潤)の意味についての認識も大きく変化させました。

もとよりドラッカーは、『企業とは何か』の段階においても「企業にとって第一の責任は、存続することである」という認識は明確でした。同書の第10章では、「企業とは、社会のための道具であり、社会のための組織である」とされ、「企業と社会は、企業の経営の健全性について共通の利害を有する」として、企業の存続には社会的な責任があることが強調されています。したがって、ドラッカーは『企業とは何か』においても、利益とはリスクに対する保険料であるといい、利益の最大化が企業活動の前提となるという立場をとってはいませんでした。

「利益とは未来への賭けに伴うリスクに対する保険であるとともに、生産拡大に必要な資本設備のための唯一の原資である。」(Drucker, 1946：邦訳、二一六ページ)

しかし『現代の経営』においては、この考え方がより深化され、「利益は前提ではなく結果である」という立場を鮮明にすることになりました。

「本書が、通常のように利益や利益率から始めなかったのは、利益が原因ではなく結果だからである。それは、マーケティングとイノベーションと生産性に関わる仕事ぶりの結果である。」(Drucker, 1954：邦訳・上、五九ページ)

「要約するならば、利益の最大化が企業活動の動機であるか否かは定かではない。これに対し、未来のリスクを賄うための利益、事業の存続を可能とし、富を生み出す資源の能力を維持するための最低限度の利益を上げることは、企業にとって絶対の条件である。」(同上邦訳、六一ページ)

こうしてドラッカーは、経済学の伝統的な企業活動の動機についての理解に対して、企業永続のための原資としての利益の確保という、現実的な利益の理解を対置しました。このような、利益についてのいわば理論的な認識の進化が、同時に「シアーズ物語」に象徴される現実認識と結びついて、ドラッカーのいわば「顧客起点」(「顧客本位」ではない!)の企業観、マネジメント観が確立されていったと考えられます。

2. われわれの事業(ビジネス)は何か:事業の定義(第6章)

「事業が何かを決めるのは、生産者ではなく顧客である。」

「企業とは何か」に次いで、さらに具体的な問いは「われわれの事業は何か」ということです。この問いのもっとも大きな意味は、この問い自体がマネジメントにおける発想転換を意味したということです。この問いは、あまりにも単純で当たり前のことであるために、めったに発せられることがありません。しかし、この問いはマネジメントにとって根源的なものであり、この問いを真面目に、臨機応変にできなかったばかりに、それまでの経営に大きな障害がおこったケースは枚挙にいとまがありません。「もし成功しているときにこの問いへの答えをおろそかにするならば、いかに優れた商品であっても、再び足を棒にして自ら行商する羽目に陥る」(Drucker, 1954:邦訳・上、六六ページ)とドラッカーは警鐘を鳴らしています。

マネジメントの世界において、この問いの発見自体が大きな革新でした。それは多分、マネジメント学の新しい礎になった「思考イノベーション」の一つであったでしょう。

しかし、この問いへの正しい答えは自明のことではありません。「実際には、『われわれの事業は何か』という問いは非常に難しく、徹底的な思考と検討なくして答えることはできない。しかも通常、正しい答えはわかりきったものではない」（同上邦訳、六三ページ）とドラッカーは述べています。

それではこの問いに対する正しい答えはいかにして得られるのか。ドラッカーは続けます。

「事業が何かを決めるのは、生産者ではなく顧客である。社名や定款ではない。顧客が製品やサービスを購入して、自らを満足させる欲求が何であるかが事業を決める。したがって、『われわれの事業は何か』という問いに対する答えは、事業の外部、すなわち顧客や市場の立場から事業を見ることによってのみ得られる。」（同上邦訳、六四〜六五ページ）

この指摘は、「企業の目的」が「顧客の創造」であるとしたことからすれば当然の結論です。「われわれの事業は何か」という問い自体が「企業の目的は何か」という問いからの応用編なのであり、「企業の目的」が「顧客の創造」であるとする立場からは、当然、「事業を何か」を決めるものも顧客であるわけです。

しかし、一般論をいえば簡単ですが、現実の経営のプロセスでこの問いを時宜を失せずに発し、的確に答えを出し行動することは容易ではないのです。したがって、『われわれの事業は何か』という問いを発し、正しく答えることこそ、トップマネジメントの第一の責務である」(同上邦訳、六五ページ)わけです。そしてもしトップマネジメントが「われわれの事業は何か」という問いを自明のものとせず十分に検討していたならば、アメリカの石炭産業や鉄道会社がわずか一世代の間に転落するなどということはなかったであろうと述べています。

事業の再定義
──ドラッカー「企業永続の理論(The Theory of the Business)」『ハーバード・ビジネス・レビュー』一九九四年九・一〇月号へ

以上は企業にとっての「事業の再定義」の重要さを説いたものですが、ドラッカーはその後、折に触れてこの課題を再論しています。その代表的なものは、『ハーバード・ビジネス・レビュー』一九九四年九・一〇月号に掲載された「企業永続の理論(The Theory of the Business)」という論文です。この論文は、事業の再定義を論じたドラッカーの名論文として知られています(『ダイヤモンド・ハーバード・ビジネス』一九九五年一月号)。

ドラッカーはこの論文で、ついこの間までスーパースターだった企業が突然低迷して困難に落ちるケースについて、「このような危機一つひとつの根幹の原因は、ものごとを下手になしているからではない。間違ったことをしたからでさえない。たいていの場合、実際に、正しいことをなしている。ただしそれを、実を結ばない形でなしているのである。このあきらかに逆説的な事態は、何が原因となっているのか」(Drucker, 1994：邦訳、四ページ)と問います。そして、次のようにいいます。

「組織の設立に際して基礎とされた前提、そしてそれに基づいて組織が運営されてきた前提が、もはや現実にそぐわなくなったのである。」(Drucker, 1994：邦訳、四ページ)

「企業永続の理論」は経営危機に直面している企業に対して、こうしてその企業存立の根幹に関わる「事業の定義」の耐久性に警告を発し、生き残りのためのあれこれの応急策を超えて、「事業の再定義」を訴えています。その意味で本論文は、永続性を求める企業一般への警鐘書として重要な意義を持っています。そしてその原点は、『現代の経営』の第六章にあるといえます。

この論文は『現代の経営』刊行のちょうど四〇年後一九九四年に発表されましたが、この論文が、テーマを展開する際のケースとして取り上げているのは、米国を代表する二つの世界企業、IBMとGMです。

一九九〇年代初頭、日本では八〇年代の金融バブルは崩壊し、経済状況は一転して不況に落ち込み、以後二一世紀に入るまで「失われた一〇年」といわれるような状況を迎えたことは周知のとおりですが、この時期、米国でも厳しい経済の落ち込みに襲われ、中軸企業も軒並み業績低下に陥りました。ドラッカーが「企業永続の理論」で「事業の再定義」を説くケースとして取り上げたIBMとGMも例外ではありませんでした。『現代の経営』刊行当時のIBMとGMはまさに米国企業のみならず世界企業のトップスターに上り始めるところでしたが、四〇年を経て、一九九〇年から九三年にかけて、これら米国の代表企業は大幅な営業赤字に陥っていました。

論文が刊行された時期の、このような具体的な社会状況を念頭に置くと、この論文を刊行したドラッカーの気持ちがよりリアルに伝わってきます。それは、単に「事業の再定義」の意義を説く一論文を刊行したということを越えて、これら米国を代表し、現実の米国経済に多大の影響をもつ二大企業の経営戦略の将来について、重大な警鐘を発することであったとも考えられます。

当時のIBMとGMについて、ドラッカーは具体的に次のようなコメントを残しています。

「IBMやGMが実際に直面している現実が、いまも前提としているものから著しく変化してしまったのである。言い換えれば、現実が変化したのに、事業の定義はそれとともに変わることがなかった」(Drucker, 1994：邦訳、六ページ)

「GMは、これらのことをすべて分かっていた。信じようとしなかっただけである。むしろGMは、一時的にとりつくろおうとした。」「しかし、このとりつくろいは、顧客もディーラーも、そしてGM自身の従業員も、マネジメントさえも混乱させた。そして、その間にGMは真の成長市場を無視してしまった」(同上邦訳、八ページ)

その後のＩＢＭとＧＭの経過についてみると、ＩＢＭの方は一九九三年、外部から招聘した新社長ルイス・ガースナーのもとで、ハード中心のコンピュータ事業モデルからソリューション基軸のコンピュータ事業モデルへの大胆な事業定義の書き換えを断行し、鮮やかな立ち直りを果たしました。

他方ＧＭは、結局二一世紀に入り今日に至るまで、抜本的な事業定義の見直しをすることなく経過しています。その間、二〇〇八年のリーマンショックの折には経営破たんにまで至り、米国政府の支援のもとで辛うじて生き延びました。その後遺症はまだ癒えていませんが、今日では国内自動車需要の持ち直しで再び息を吹き返しているかに見えます。

ＩＢＭとＧＭの一九九四年以降の経過について詳細は、ドラッカー学会年報『文明とマネジメント』№３、二〇〇九年に掲載された著者の小稿「Ｐ・Ｆ・ドラッカー『企業永続の理論』の警鐘」(のちに拙著『ドラッカーの警鐘を超えて』二〇一一年、東信堂、に収録)を参照ください。

3．事業の目標とは何か(第7章)

再び『現代の経営』に帰ると、第六章「われわれの事業は何か」はその最後を「目標設定の重要性」で結び、第七章「事業の目標とは何か」に繋いでいます。

「事業とは何か」を論じてきた第六章の結び「目標設定の重要性」は、「つまるところ、事業は目標を設定してマネジメントする必要があるということである。……言い換えるならば、事業は直感で行うことはできない」(Drucker, 1954：邦訳・上、八〇ページ)と述べて、事業を成功的に推進するには目標を設定して取り掛かることが不可欠であることを説いています。「目標を設定することによって初めて、事業は晴雨、風向き、事故に翻弄されることなく、達すべきところに達することができる」(同上邦訳、八〇〜八一ページ)といっています。

これを受けて第七章では、「事業の目標」とは何か、それをいかに設定するかが述べられていますが、まず「事業の目標」について次のように述べられています。

「それでは、それらの目標とは何か。答えはあきらかである。事業の目標は、事業の存続と繁栄に直接かつ重大な影響を与えるすべての領域において必要である。すべての領域とは、マネジメントの意思決定の対象として考慮に入れるべきすべての領域である。実に、それらの領域における目標が、事業の内容を具体的に規定する。事業が目指すべき成果とその実現に必要な手段を教える。」(同上邦訳、八三ページ)

ここで「事業の存続と繁栄に、直接かつ重大な影響を与えるすべての領域」とは何か。ドラッカーは以下の八つの領域を上げ、それらすべてにおいて目標が必要であるとしています。

・マーケティング、

・イノベーション、
・生産性、
・資金と資源、
・利益、
・マネジメント能力、
・人的資源、
・社会的責任

その上で、最初の五つの目標、マーケティングから利益までについては、問題はほとんどない。しかし、マネジメント能力、人的資源、社会的責任という三つの抽象的な領域については疑問があるかもしれないとしています（同上邦訳、八四ページ）。

しかしこの自問に対して、ドラッカーは、「むしろこれらの三つの領域が抽象的であるならば、マネジメントたる者は、自らの行動によってそれらを具体的なものにすることが必要となる」（同上邦訳、八五ページ）といっています。

「目標設定の難しさは、いかなる目標が必要であるかを決定することにあるのではない。いかに目標を設定すべきかを決定することにある。この決定を実りあるものにする方法は一つしかない。八つの領域それぞれについて、測定すべきものを決定し、その尺度とすべきものを決定することである」(同上邦訳、八六ページ)とドラッカーは説きます。

しかし残念なことに、企業活動に関わる八つの領域で使うことができる既成の尺度はあいまいなものです。マネジメントたる者は、自らそれを自らの必要に即して開発し確かなものにしていかなければならない、というのがドラッカーの考えです。

講義Ⅳ

「自己管理による目標管理こそ、まさにマネジメントの『哲学』である。」

——経営管理者のマネジメント(『現代の経営』第Ⅱ部)

「今日必要とされているものは、一人ひとりの人の強みと責任を最大限に発揮させ、彼らのビジョンと行動に共通の方向性を与え、チームワークを発揮させるためのマネジメントの原理、すなわち一人ひとりの目標と全体の利益を調和させるためのマネジメントの原理である。これらのことを可能にする唯一のものが、自己管理による目標管理である。自己管理による目標管理だけが、全体の利益を一人ひとりの目標にすることができる。」「自己管理による目標管理こそ、まさにマネジメントの『哲学』と呼ぶべきものである。」(Drucker, 1954：邦訳・上、一八七ページ)

1．自己管理による目標管理（第11章）

経営管理者が方向付けを誤る要因

「顧客の創造」という画期的な企業の目的の規定と並んで、『現代の経営』の、ひいてはドラッカーのマネジメント学を代表する哲学は「自己管理による目標管理」です。

ドラッカーは、事業が成果を上げるには、一つひとつの仕事を事業全体の目標に向けなければならない、仕事は全体の成功に焦点を合わされなければならないといいます。そして、組織に働く者は、事業の目標が自らに求めているものを知り、理解しなければならないと説きます。

しかし、組織においては、そこに働く者が共通の目標に向けて自動的に方向づけされるわけではありません。それどころか、企業には経営管理者を誤って方向づけする強力な要因がありま す。それは次のような三つの要因です。

第一は、経営管理者の仕事が専門化していること。

第二は、マネジメントの構造が階層化していること。

第三は、ものの見方と仕事の違いが孤立化を招いていること。

これらの要因は、組織で働く者が自動的に共通の目標に向けて方向づけされていくことを妨げる要因となっています。

第一に、機能別の専門化した仕事においては、専門的なスキルを追求することには危険が伴います。ものの見方や努力を事業の目標からそらすおそれがあります。機能別の仕事それ自体が目的となります。

第二に、マネジメントの階層的な構造が危険を大きくします。上司がいったり行ったりしたこと、何気ない言葉、習慣、癖までが、部下にとっては計算され意図された意味のあるものと映ります。

第三に、自然に放置すれば、ものの見方と仕事の違いが個々人の目標を孤立化し、閉鎖的なものにしていく恐れが絶えず存在します。

そこで、ドラッカーはいいます。

「成果を上げるには、あらゆる経営管理者のものの見方と仕事の仕方を共通の目標に向ける必要がある。しかも一人ひとりの経営管理者に、期待されている成果が何かを理解させる必要がある。あるいは上司に、部下の経営管理者に期待すべきものを理解させる必要がある。そして一人ひとりの経営管理者に、正しい方向に向けて最大限の力を発揮させる必要がある。」(Drucker, 1954：邦訳・上、一七二ページ)

「自己管理による目標管理こそ、まさにマネジメントの『哲学』」

それでは、このように「あらゆる経営管理者のものの見方と仕事の仕方を共通の目標に向け」させていくためにはどのようなマネジメントが必要でしょうか。

ドラッカーはいいます。

「経営管理者のマネジメントにおいてまず必要とされることは、一人ひとりの経営管理者の目を企業全体の目標に向けさせることである。彼らの意思と努力をそれらの目標の実現に向けさせることである。すなわち、経営管理者のマネジメントにおいて第一に必要とされるものは、目標と自己管理によるマネジメントである。」(Drucker, 1954：邦訳・上、一六三ページ)

目標管理というテーマは、一般に経営の効率化の立場から、成果主義的に理解されることが多いものです。「目標はノルマ」とされる通俗的な理解がなによりもその象徴です。もとより現実の経営において目標の設定は不可欠です。目標の設定なくして成果の測定は不可能です。しかし、この目標管理は容易なことではありません。

ここで重要なことは、この目標管理を他律的な管理のもとにではなく、自己管理にもとづいて行うことができるかどうかということです。このように「自己管理による目標管理」を実現できれば、組織における仕事の成果を実現する条件である個と全体の統一を実現することができることになるからです。この個と全体の統一を実現する原理が「自己管理による目的管理」です。「自己管理による目的管理」の意味はここにあります。「自己管理による目標管理」によってはじめて、一人ひとりの目標と全体の利益を調和させるためのマネジメントが可能になるのです。目標管理の利点は、自らの仕事を自ら管理することにあります。その結果、個々人が最善を尽くすための動機がもたらされます。そこで、「目標管理の最大の利点は、支配によるマネジメントを自己管理マネジメントにかえることにある」(同上邦訳、一八〇ページ)とドラッカーはいいます。

「今日必要とされているものは、一人ひとりの人の強みと責任を最大限に発揮させ、かれらのビジョンと行動に共通の方向性を与え、チームワークを発揮させるためのマネジメントの原理、すなわち一人ひとりの目標と全体の利益を調和させるためのマネジメントの原理である。これらのことを可能にする唯一のものが、自己管理による目標管理である。自己管理による目標管理だけが、全体の利益を一人ひとりの目標にすることができる。」「自己管理による目標管理こそ、まさにマネジメントの『哲学』と呼ぶべきものである。」(同上邦訳、一八七ページ)

2. 経営管理者は何をなすべきか(第12章)

経営管理者の権限——「権限は組織の下位から発する。」

ドラッカーは「自己管理による目標管理」に続いて、さらに「経営者管理者の権限」について論じています。

この問題は組織運営における伝統的な課題ですが、これまでこの問題は、まず権限は組織の上位において発生しており、それが下位へ「委譲」される、つまり「権限の委譲」という発想で論じられてきました。今でも、多くの場合、そうです。

しかしドラッカーは、この問題について次のように述べています。

「経営管理者の仕事は、その範囲と権限を可能なかぎり大きくしなければならない。すなわち、意思決定は可能なかぎり下の階層、可能なかぎりその意思決定が実行される現場に近いところで行わなければならない。これは、上からの権限の委譲という従来の考えとはまったく異なる。」(Drucker, 1954：邦訳・上、一九三ページ)

このことをさらに次のように敷衍しています。

「企業にとっていかなる活動と課題があるかは、いわば上から決定される。したがって仕事の分析は、企業活動の最終成果である事業の目的から始まる。……しかし、経営管理者の仕事は下から組み立てられる。」(同上邦訳、一九三〜一九四ページ)

「最も基本的なマネジメントの仕事を行うのは、第一線の現場管理者である。つまるところ、彼らの仕事がすべてを決定する。このようにみるならば、上位の経営管理者の仕事はすべて派生的であり、第一線の現場管理者の仕事を助けるものにすぎないことになる。」(同上邦訳、一九四ページ)

この上でドラッカーは、経営管理者に与えられる決定権限について、「明確かつ成文をもって上位のマネジメントに留保されていない権限は、すべて下位のマネジメントに属する」というひとつの簡単なルールがあるとしています。

それでは、経営管理者の上司の仕事と権限、その責任とは何か。ドラッカーは『ボトムアップ・マネジメント』という言葉はあまり好きではない」としながら次のように述べています。

「しかし、この言葉が意味することは重要である。経営管理者間の上下関係は、上から下への関係ではない。上下間の二方向の関係でもない。経営管理者間の関係は三つの次元である。第一が下から上への関係であり、第二が全体との関係であり、第三が上から下への関係である。これらの三つの関係は、基本的にすべて責任に関わる関係である。義務に関わる関係であって、権利に関わる関係ではない。」(同上邦訳、一九六ページ)

ここで重要なことは、経営管理者をめぐる上下関係、個人と全体との関係は基本的にすべて「責任に関わる関係」であり、「義務に関わる関係」であって、「権利に関わる関係」ではないといわれる点です。このような考え方の背景にあるのは、経営管理者間の関係というものは、まず権限は組織の上位において発生しており、その下位への「委譲」、つまり「権限の委譲」というという関係によって律されているという考えの否定であります。それは、「権限は組織の下位から発する」という発想への転換です。これは、組織における権限の理解の大きな発想転換です。

3. 発想転換の背景(1)――「フォード物語」(第10章)

近代企業経営における経営管理者の役割

『現代の経営』第Ⅱ部は表題のように「経営管理者のマネジメント」という、現代企業に不可欠の人的要素である経営管理者のマネジメントの問題を論じていますが、そもそも現代企業におけるマネジメントの課題として経営管理者の問題をなぜ論ずる必要があるのかという問題がありま す。

ドラッカーは第Ⅱ部の冒頭を次のように始めています。

「企業において、その秩序、構造、動機づけ、リーダーシップに関する基本的な問題の多くは、経営管理者をマネジメントすることによって解決される。経営管理者は、企業にとって最も基礎的かつ最も希少な資源である。」(Drucker, 1954：邦訳・上、一五二ページ)

今日においては当たり前過ぎることかもしれませんが、ドラッカーにとってこの問題の発想の契機になったのは、二〇世紀前半、米国産業界で注目の話題の一つであったフォードの隆盛と転落であったと思われます。ドラッカーはこの第Ⅱ部を第一〇章「フォード物語」から始めています。

「わずか一五年の間に起こった成功から崩壊にいたるフォード物語ほど劇的なものはない。こ

れと比肩しうるのは、最近の一〇年間における同社の急速かつ劇的な復活ぐらいのものである。」(同上邦訳、一五五ページ)

(ヘンリー・フォードによって一九〇三年に設立されたフォード社は、一九〇八年に発表されたモデルT車の爆発的ヒット、一九一三年に採用された流れ作業組み立て方式などのイノベーションによって、米国自動車市場を席巻し、一九二〇年代初めには市場の約六〇%を占めるまでになりました。それは米国に自動車社会を確立し、米国市民の生活様式を大きく変革するものでした。

フォード社創業者ヘンリー・フォードⅠ世とⅡ世(1944年)(L.Sorensen, *The Ford Road: 1903-1978, 1978*、に所載)

しかしそれ自身によってもたらされた自動車市場の成熟化と、一方でのライバル企業、ＧＭの新しい事業モデルの展開のなかで、二〇年代後半になるとフォードの勢いは急速に衰え、マーケットシェアはライバルＧＭに大逆転を許して、大きな危機を迎えることになりました。

フォードにこのような危機をもたらしたものは何だったのでしょうか。

ドラッカーがみたこの問題の根源は、経営管理者の問題でした。

「ヘンリー・フォードの失敗の根因は、一〇億ドル規模の巨大企業を経営管理者抜きにマネジメントしようとしたところにあった。」「フォード社衰退の原因がマネジメントの欠如にあることは明らかだった。」(同上邦訳、一五六、一五八ページ)フォードでは、一九一九年にヘンリー・フォードの息子のエドセル・フォードが社長を継ぎましたが、形ばかりで、実際には父親ヘンリー・フォードが一切を取り仕切っていました。

「フォードは完全な中央集権だった。あらゆる権力が老ヘンリー・フォードの手にあっただけでなく、あらゆる数字が会社全体についてのものしかなかった」(同上邦訳、一六〇ページ)とドラッカーは語っています。

エドセルは一九四三年早逝しました。ヘンリー・フォードはエドセルの後継に、一九四五年、ヘンリーの孫、エドセルの長男のヘンリー・フォード二世を充てました。ヘンリー・フォード二世の社長就任後、戦後フォードは再び勢いを取り戻しました(ただ再びトップシェアを取り戻すことのないまま、今日に至っています)。

この米国を代表した大企業の二〇世紀前半の転変をドラッカーは次のように評価しています。

「一九四四年に始まったフォード再建の物語は、アメリカ産業界の叙事詩の一つである。……フォード再建の鍵が、そのマネジメントの構築と組織化にあったことがあきらかである。それはちょうど、フォードの衰退の鍵がマネジメントの抑制と破壊であったことと軌を一にしていた。」(同上邦訳、一五九ページ)

ヘンリー・フォード二世のもとで、フォードのマネジメントは目標管理によるマネジメントになりました。

「かつてのフォードは完全な中央集権だった。……対照的に、今日のフォードは、それぞれが事業の遂行と業績に責任をもち、目標達成のための意思決定の権限をもつ独立したマネジメントのもとにある一五の事業部門に分権化されている。」(同上邦訳、一六〇~一六一ページ)

ドラッカーは、「フォード物語」によって、われわれは企業が経営管理者抜きでは存立しえないと断言することができるといいます。そして「自己管理による目標管理」の意味を強調しています。

「経営管理者のマネジメントにおいてまず必要とされることは、一人ひとりの経営管理者の目を企業全体の目標に向けさせることである。彼らの意思と努力をそれらの目標の実現に向けさせることである。すなわち、経営管理者のマネジメントにおいて第一に必要とされるものは、目標

と自己管理によるマネジメントである。」（同上邦訳、一六三ページ）

4．発想転換の背景（2）——バーナードからドラッカーへ

バーナードの組織理論——「組織存続の条件」

『現代の経営』第Ⅱ部「経営管理者のマネジメント」にみられる代表的な発想転換は、一つは上位からの命令によって成果をもとめる「目標管理」から「自己管理による目標管理」への転換ですが、もう一つは「権限は上位から委譲される」という「権限の委譲」の発想から「権限は組織の下位から発する」という発想への転換です。

前者、「自己管理による目標管理」についていえば、すでにみたようにその核心は組織構成員一人ひとりの目標と全体の利益を調和させるためのマネジメントというところにあります。

このような、個の目的と全体の利益を調和させるという発想と、後者、権限はまず作業の現場から発するという現場主義の発想、これら二つの発想の理論的ルーツを辿ると、いずれにしても行き着くのはマネジメント学の先達、バーナードの組織理論です。

バーナードが一九三四年刊行の主著『経営者の役割』の中で、その中核的課題として説いているのは、「組織存続の条件」についてです。

バーナード理論における「組織存続の条件」を整理してみると、それは次の三つの柱から成り立っています。

第一．「組織の有効性と能率」の実現。具体的にいえば、組織の目的の実現と組織を構成する個人の満足の同時的実現

第二．これを実現するための、組織における「コミュニケーション」の有効的な実現。具体的には、上位者の権限による命令と下位者の服従ではなく、説得と納得を基本とした権限の実現、つまり「権限受容」による権限の実現。

第三．「権限受容」を実現する経営者のリーダーシップ能力。

「組織の有効性と能率」の実現

バーナードは組織の存続にとってもっとも根底的な条件として、組織がその存在目的を実現することと、組織を成り立たせている個々の構成員の組織への貢献欲求の結集が同時に実現されることが必要であると考えました。

この点は『経営者の役割』におけるバーナード理論のエッセンスとして広く知られていることですが、バーナードが具体的に述べるところをみると、次のようです。

「協働の永続性は、協働の(a)有効性と(b)能率、という二つの条件に依存する。有効性は社会的、

非人格的な性格の協働目的の達成に関連する。能率は個人的動機の満足に関連し、本質的に人格的なものである。有効性のテストは共通目的の達成であり、したがってそれは測定される。能率のテストは協働するに足る個人的意思を引き出すことである。」(Barnard, 1938：邦訳、六二～六三ページ。)

「それゆえ協働の存続は、次のような相互に関連し依存する二種の過程にかかっている。(a)環境との関連における協働体系全体に関する過程、(b)個人間に満足を創造したり分配したりすることに関する過程。」(同上邦訳、六三ページ)

ここには、組織の存続が、二つの条件実現によって保障されることが示されています。

第一は、「組織の有効性」の実現ということです。ここで、組織の有効性とは、組織が組織の目的を達成することを意味しており、したがって

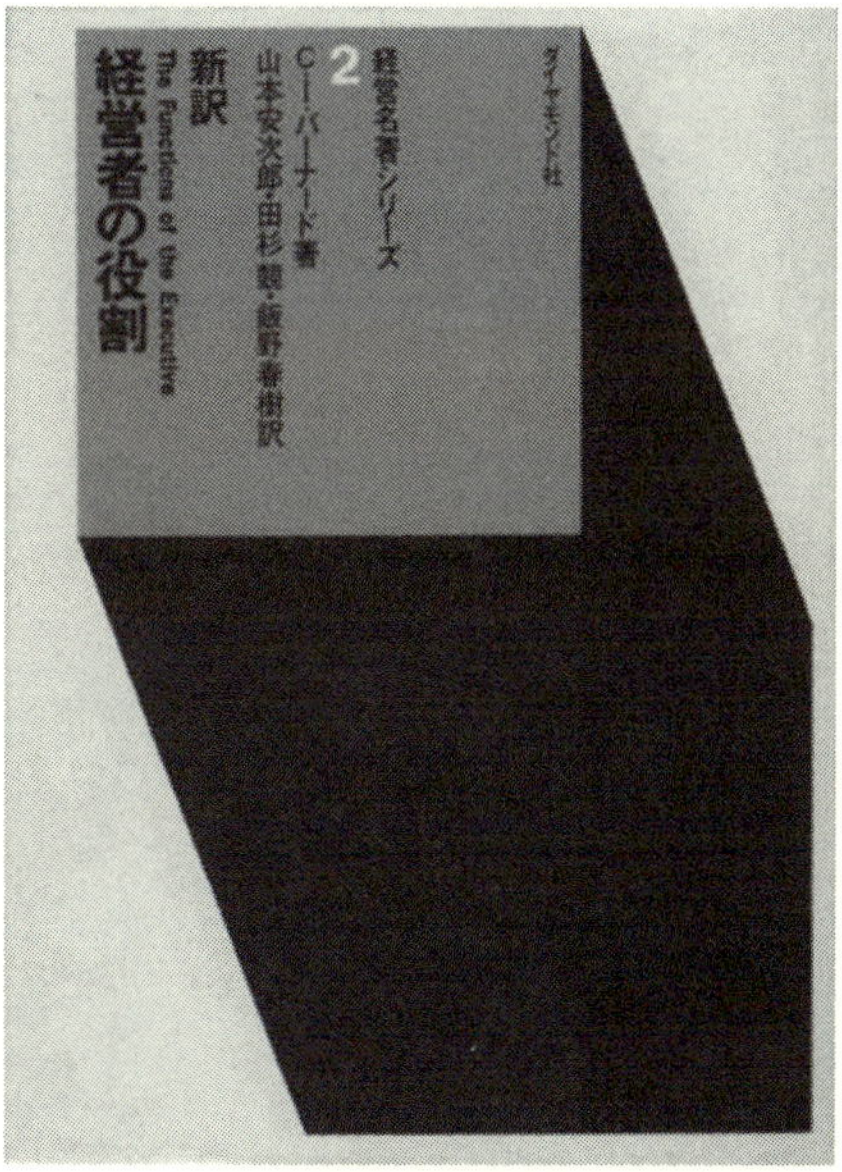

バーナード『経営者の役割』邦訳(山本安次郎ほか訳、1968年新訳、ダイヤモンド社刊)の表紙

またその達成の度合が有効性の度合を示すことになります。組織は、その目的を達成できない場合には、崩壊せざるをえないことになります。この条件は、組織が環境との対外的な関連で実現していくものです。

第二は、「組織の能率」の実現ということです。ここで、能率とは、協働体系に必要な個人的貢献を確保する能力のことです。組織の存続は、その目的を達成するのに必要なエネルギーの個人的貢献を確保し、維持しうる能力にかかっています。この条件は、組織が対内的に、協働体系を構成する個人間に満足を創造したり、分配したりして達成するものです。

バーナード理論においては、これら二つの条件が実現されることが、組織存続の不可欠の条件であるとされています。

組織成立の条件

バーナードは、このような組織存続の条件、「組織の有効性と能率」を実現する前提として、「組織成立の条件」を次のように定義しています。

「組織は、(1)相互に意思を伝達できる人々がおり、(2)それらの人々は行為を貢献しようとする意欲をもって、(3)共通目的の達成をめざすときに、成立する。したがって、組織の要素は、(1)コミュニケーション、(2)貢献意欲、(3)共通目的、である。これらの要素は組織成立にあたって必要にして十分な条件であり、……すべての組織にみられるものである。」(Barnard, 1938：邦訳、八五ページ)

「組織の有効性と能率」の実現は、組織を構成する三つの要素の存在と密接につながっています。まずあきらかなことは、貢献意欲の実現が「組織の能率」として体現しており、他方、共通目的の実現は「組織の有効性」として体現していることです。

それでは、組織の第三の要素、コミュニケーションは組織存続の条件とどのようにかかわっているのでしょうか。

組織におけるコミュニケーションとは、もちろん単なる情報の伝達といった単純なものではありません。その本質をなすのは、組織の目的を実現するための、上位から下位への指揮・命令であり、人の意思を動かす「権限」です。

このように考えると、第三の要素たるコミュニケーションが三つの組織要素の中で果たす役割が浮かび上がってきます。つまり、このコミュニケーションこそは組織存続の二つの条件の実現をつなぐ血脈の役割を果たしているのです。

バーナード「権限の理論」――「権限は下位に受容されてはじめて発現する」

それでは、バーナードの組織理論にあって、コミュニケーションの本質である、人の意思を動かす「権限」はどのように理解されているでしょうか。バーナードの「権限の理論」は、主著『経営者の役割』の第三部第一二章で展開されています。

バーナードはここで、「権限」について次のように定義しています。

「権限とは、公式組織におけるコミュニケーション（命令）の性格であって、それによって、組織の貢献者ないし『構成員』が、コミュニケーションを、自己の貢献する行為を支配するものとして、すなわち、組織に関してその人がなすこと、あるいはなすべからざることを支配し、あるいは決定するものとして、受容するのである。」（Barnard, 1938：邦訳、一七〇～一七一ページ）

さらにこの考えをもっと分かりやすく解説して、次のように述べています。

「もし命令的なコミュニケーションがその受令者に受け入れられるならば、その人に対するコミュニケーションの権限が確認あるいは確定される。それは行為の基礎と認められる。かかるコミュニケーションの不服従は、彼に対するコミュニケーションの権限の否定である。それゆえこの定義では、一つの命令が権限を持つかどうかの意思決定は受令者の側にあり、『権限者』すなわち発令者の側にあるのではない。」（同上邦訳、一七二～一七三ページ）

このような「権限」の考え方は、これまで「権限受容説」と呼ばれてきたものです。

組織における権限の源泉をめぐっては、バーナード以前は、今日、「法定説」、「上位権限説」といわれるものが当然のこととして理解されてきていました。これは伝統的な組織観、経営管理理論とともにあるもので、今日でも権限の源泉の通念、常識として浸透しているとみられるものです。

企業を例にとれば、課長が課員に命令し服従させる力は、上司たる部長から委譲されたものであり、部長のそれは社長から、社長のそれは取締役会から、さらに取締役会のそれは株主総会から、というように、それぞれ上位から順次委譲されたものであり、究極的にはそれは株式会社法ないしは私有財産制度を構成する諸法律によって裏付けられたものである、というように権限の源泉を理解するものです。

このような伝統的な権限の理解に対して、権限は上位者にあるのではなく、下位者に「受容」されてはじめて成り立つとみる考えは、「権限受容説」と呼ばれるようになりましたが、バーナードのこの考えは、権限についての理解を一八〇度転換させる革命的なものでした。

バーナードからドラッカーへ

『現代の経営』に示された経営管理者のマネジメントの核心、個の目的と全体の利益を調和させるという発想と、権限はまず作業の現場から発するという現場主義の発想、これら二つの発想のルーツを辿ると、いずれにしても行き着くのは、以上のような『経営者の役割』に示されたバーナードの組織理論の考え方です。

ドラッカーにおける個の目的と全体の利益を調和させるという発想は、バーナードにおける組織の存続条件としての「組織の有効性と能率」の実現、つまり組織がその存在目的を実現することと、組織を成り立たせている個々の構成員の組織への貢献欲求の結集を同時に実現するという発想を引き継ぐものです。

さらにドラッカーの権限は組織の下位から発するという現場主義の発想の基礎には、あきらかにバーナードの「権限受容説」の考え方を基礎にしているといえるでしょう。

こうしてドラッカーにおける経営管理者のマネジメントの発想の転換は、先達、バーナードの組織理論の到達を引き継ぎつつ形成されていたということができます。

もとよりドラッカーは、このようなバーナードとの継承関係をどこにも具体的に言及してはいません。しかし、ドラッカーが『現代の経営』の形成に関わって言及したマネジメント学の先達の中で、とりわけバーナードへの思いが深いと感じられるのはこのようなことが背景にあるように思われます。

5.「マネジメントにとって決定的に重要なこと、それは真摯さである。」(第13章)

組織の文化とは何か

自己管理による目標管理によってなすべきことが客観化され、それをすすめるためのマネジメントの手順や権限関係も明確になっていても、それを実際に実現することができるかどうかはさらに組織の文化にかかっている、というのがドラッカーの考えです。

その組織の文化とは何なのか。マネジメントが実際に成果を上げるために求められる優れた組織の文化とはどのようなものか。ドラッカーはいいます。

「優れた組織の文化は、昨日の優れた仕事を教育の当然の仕事に、昨日の卓越した仕事を教育の並みの仕事に変える。つまるところ、組織の文化とは、仲よくやっていくことではない。大切なことは、仲の良さではなく、仕事ぶりのよさである。」(同上邦訳、二〇〇ページ)

「人の強みではなく弱みに焦点を合わせ、できることではなくできないことを中心に組織をつくることほど、組織の文化を破壊することはない。焦点は常に、強みに合わせなければならない。」(同上邦訳、二〇一ページ)

その上で、ドラッカーは、「優れた文化を実現するために必要とされるものは行動規範である。強みの重視であり、真摯さの重視である。正義の観念と行動規範の高さである」(同上邦訳、二〇一ページ)と述べています。

マネジメントの適性

ここで印象的なことは、優れた組織の文化を実現するための行動規範として、「強み」の重視ということと同時に、「真摯さ」ということが繰り返し強調されていることです。ドラッカーは、人の真摯さということをマネジメントの適正の最大のポイントとし、優れた組織の文化をつくることの最大の指標は、人事において、人格的な真摯さを評価することであるとしています。

この真摯さについて、ドラッカーは、真摯さは習得できない、真摯さはごまかしができないといいます。

確かに、真摯さは定義が難しい。しかし、ドラッカーは「マネジメントの仕事につくことを不適格にするような真摯さの欠如は、定義が難しいということではない」とし、具体的に以下のような指標をあげています。

・「人の強みではなく、弱みに焦点を合わせる者をマネジメントの地位につけてはならない。」
・「『何が正しいか』よりも『誰が正しいか』に関心をもつ者を昇進させてはならない。」
・「真摯さよりも頭脳を重視する者を昇進させてはならない。そのような者は未熟だからである。」
・「有能な部下を恐れる者を昇進させてはならない。そのような者は弱いからである。」
・「自らの仕事に高い基準を定めない者も昇進させてはならない。仕事やマネジメントの能力に対する侮りの風潮を招くからである。」(以上、Drucker, 1954：邦訳、二二九ページ)

真摯さに欠ける者は、いかに知識があり、才気があり、仕事ができようとも、組織を腐敗させ、企業にとって最も価値ある資源たる人材を台無しにする、組織の文化を破壊するとドラッカーはいっています。

リーダーシップとは何か

組織が成果を上げるために、もう一つ重要とされるものにリーダーシップというものがあります。このリーダーシップについてドラッカーは、「確かにそれは重要である。リーダーシップに代わるものはない。しかしリーダーシップは創造できるものではない」(Drucker, 1954：邦訳、二二〇ページ)といっています。

ドラッカーは、組織が成果を上げるうえでリーダーシップというものの役割を重視しつつも、それが一人歩きし、過度に個人の特別の能力や魅力といったものに引き寄せられるのを警戒しているように思われます。これは、ナチズム、スターリニズム時代の苦い経験が蘇るからかもしれません。リーダーシップについて、ドラッカーは次のようにいっています。

「リーダーシップとは、人を惹きつける資質ではない。そのようなものは扇動的資質に過ぎない。リーダーシップとは、仲間をつくり、人に影響を与えることでもない。そのようなものは、営業マンシップにすぎない。リーダーシップとは、人の視線を高め、成果の基準を上げ、通常の制約を超えさせるものである。リーダーシップの素地として、行動と責任についての厳格な原則、高い成果の基準、人と仕事に対する敬意を、日常の仕事において確認するという組織の文化に優るものはない。」(Drucker, 1954：邦訳、二二二ページ)

こうしてドラッカーは、リーダーシップが正常に機能するためには、その基礎に優れた組織の文化の確立が不可欠であり、さらにいえば真摯さの裏づけられた人格が必要であると考えていたと思われます。

発想転換としてのマネジメントとリーダーシップの道徳性
――発想転換の背景：バーナードの組織理論

こうしてドラッカーは、成果を上げるマネジメントとリーダーシップについてはその背景に優れた組織の文化、とりわけそれを担うものの真摯さという人格的要素を重視しました。これはマネジメントという経済合理性が支配する世界に敢えて人間的要素を導入したという点で、一つの大きな発想転換でした。人は実際に経営や組織の成果がそれを担う人間的要素に多分に支配されることを知りつつも、一般論としてはそのような要素を抜いたところで経営や組織の成果を考えようとしてきたところがあったからです。しかし、敢えて真摯さというマネジメントの担い手の道徳性、人格的要素を問うところにドラッカーの考え方の特徴があります。

このようなマネジメントにおける道徳性はどこに由来するものでしょうか。

この点でやはり注目されるのは、ドラッカーの先達であるバーナードの理論との親近性です。バーナード組織理論の大きな特徴は、組織の存続におけるリーダーシップの役割を重視すると同時に、その道徳性の高さを厳しく問うたところにあります。この点を問う彼の立場は次の言葉に凝縮されています。

「人間協働における最も一般的な戦略的要因は管理能力である。……組織の存続は、それを支配している道徳性の高さに比例する。すなわち、予見、長期目的、高遠な理想こそ協働が持続する基礎なのである。かように、組織の存続はリーダーシップの良否に依存し、その良否はそれの基礎にある道徳性の高さから生ずるのである。最も低級で最も非道徳的な組織においても、高度の責任が存在するに違いないが、責任が関係する道徳性が低ければ、組織は短命である。道徳性が低ければリーダーシップが永続せず、その影響力がすみやかに消滅し、これを継ぐものも出てこない。」(Bernard, 1938：邦訳、二九五ページ)

こうして組織の管理を担うものの人格の高さ、道徳性を厳しく問う組織論の展開は、バーナード理論の大きな特徴です。

ドラッカーとバーナードのリーダーシップについての理解は、先に引用で示したエッセンスからわかりますように、きわめて親近性の高いものとなっています。両者に共通しているのは、表現はそれぞれ異なりますが、管理能力とリーダーシップにおける「道徳性」の決定的な重要性です。

ドラッカーが「経営管理者にとって決定的に重要なものは、教育やスキルではない。それは真摯さである」(同上邦訳、二六二ページ)と、経営管理能力における「真摯さ」の大切さを説いたことは先にみたとおりですが、それと同趣旨の経営管理能力についての理解を時期的にはそれに先立って提起したのがバーナードでした。

バーナードは、上記の引用の中身をさらに次のような別の言葉で表現しています。

「管理機能に伴う道徳的な複雑性は、それに対応した能力を持つものだけがこれに耐えることができる。……地位の高低を区別する重要な点は、地位が高くなればなるほどそれに含まれる道徳性がますます複雑になり、責任を果たすため、すなわちその職位に内在する道徳的な対立を解決するために、ますます高い能力が要求されるということである。」(同上邦訳、二八八〜二八九ページ)

こうしてバーナードは、管理機能における「道徳性」の重要性をくどいほど説きました。

バーナードは、一九二七年から約二〇年間、米国ベル電話システム傘下のニュージャージー・ベル電話会社の社長を務め、またロックフェラー財団理事長を務めた実業家でした。学者研究者や社会評論家ではない企業家、実業家が自らの管理活動の実践についてこのような「道徳性」の重要性を説いたことはきわめて異例のことであり、格別に貴重なことです。

しかもこの時代は、一九二九年大恐慌後の長引く経済不況の時期であり、さらに四〇年代に入って第二次世界大戦に突入していく時代でした。二〇世紀の歴史のうちでも時代の大きな転換期とされるこの波乱の時代に、組織の存続を問題にし、しかもその決定的な重要条件として管理能力の「道徳性」を問うたことは、その思慮の深さを感じさせるものです。

同じこの時期に、ヨーロッパはナチズム、ファシズムが吹き荒れる自由抑圧の時代でした。この時代のさなかにドラッカーは「自由で機能する産業社会」の到来を見通し、「すでに起こった未来」の最初の書として『経済人の終わり』(一九三九年)と『産業人の未来』(一九四二年)の連作を世に問いました。

世代的には幾分違いがありましたが、人間のあり方、人間協働についての深い洞察力をもったこの時代の二つの才能は、組織の管理について同じ知見に到達していたのです。

時代はめぐって二一世紀の今日、社会のすべての局面でグローバル化が進むような状況の中で、企業をめぐる環境も、さらに人間関係のあり方、考え方も大きく転換しました。そして社会の仕組みは新しい困難に直面しています。この中で改めて企業や社会の管理能力やリーダーシップについて、新しい時代の「道徳性」が問われてきているように思われます。

近年、野中郁次郎さんはじめ何人かのマネジメントの論者が提起している「美徳の経営」「実践知としての賢慮(フロネシス)」「賢慮型リーダーシップ」というコンセプトは、この点から大いに注目に値するものです。（野中郁次郎、紺野登、二〇〇七、Ikujirou Nonaka/ Hirotaka Takeuchi, 2011, 上田惇生・野中郁次郎（対談）、二〇〇六、を参照）

講義V

「組織の構造は、事業の目標の達成を可能にするものでなければならない。」

——マネジメントの組織構造（『現代の経営』第Ⅲ部）

「組織はそれ自体が目的ではなく、事業の活動と成果という二つの目的のための手段である。組織の構造も手段である。……したがって、組織の分析は組織の構造から入ってはならない。事業そのものの分析から入ることが必要である。すなわち、組織の構造を検討するにあたって最初に問うべきは、われわれの事業の目標は何か、何でなければならないかである。組織の構造は、事業の目標の達成を可能とするものでなければならない。」(Drucker, 1954：邦訳・下、四ページ)

1. 組織の構造を選ぶ──「組織のコンティンジェンシー（状況対応）」理論へ（第16章）

「どのような組織の構造を選ぶか」という発想転換

『現代の経営』第Ⅲ部は経営組織の構造をいかに決めるかという問題を扱っています。

『現代の経営』における経営構造論のまず何よりの特徴は、ドラッカー自身は触れていないのですが、そもそも「どのような組織の構造を選ぶか（What kind of Structure?）」という問題の立て方をしているところにあります。

この当時の組織論の問題関心を振り返ってみると、経営活動の特性、経営戦略の如何に関わらず、「いかなる組織形態が最良であるのか」を追求することにその関心がありました。経営関係の学会では、そもそも経営組織は「どのようなものであるべきか」ということに侃々諤々の論議がありました。そのようなかで、ドラッカーが「どのような組織の構造を選ぶか」という「状況対応」的な組織論の考え方を提起しました。このことは、組織というものを考える上で大きな発想転換でした。それは、後に組織のコンティンジェンシー（状況対応）理論といわれる、組織理論の新しい潮流の先駆けとなるものでした。

ドラッカーが組織のありようを考える際、当然のようにこのような状況対応的な発想に立った背景は、多分、『現代の経営』刊行に先立って一九四〇年代前半に行った、かのGMの内部調査の経験であったと思われます。

ドラッカーはこのGMの調査の中で、GMは事業部制という新しい分権型の組織形態を導入することによって、一九二〇年代初頭の経営苦境から脱して、宿敵フォードを追い抜き、三〇年代に大きく成長軌道に乗ることに成功したことを如実に学んでいます。事業部制の採用は、当時二〇社近い企業の合併によって肥大化し、自己制御不能に陥っていたGMに新しい組織秩序を回復させ、すでに成熟期を迎えていた米国の自動車市場の主導権を急速に確立しました。

この組織改革を主導したのは、一九二〇年代から五〇年代まで長きにわたりGM経営の最高責任を担ったアルフレッド・スローンでした。ドラッカーにGMの内部調査を依頼したのもスローン自身であったといいます。この経験は、ドラッカーの組織観を一新し、「組織は経営状況と経営戦略に対応すべきもの」という確信を持つことにつながったと思われます。

アルフレッド・チャンドラー『組織は戦略に従う』(一九六二年)に先駆ける

念のために繰り返せば、以上のことは『現代の経営』では触れられてはいません。ドラッカーの論述は、以上のことを前提にした上で、具体的に組織構造の選択をいかに進めるべきかということから始まります。

ドラッカーはいいます。

「組織はそれ自体が目的ではなく、事業の活動と成果という二つの目的のための手段である。組織の構造も手段である。……したがって、組織の分析は組織の構造から入ってはならない。事業そのものの分析から入ることが必要である。すなわち、組織の構造を検討するにあたって最初に問うべきは、われわれの事業の目標は何か、何でなければならないかである。組織の構造は、事業の目標の達成を可能とするものでなければならない。」(Drucker, 1954：邦訳・下、四ページ)

「組織構造は戦略に従う(Structure follows Strategy)」という章句は、経営学の発想の基本的フレームワークとして、アルフレッド・チャンドラーの『組織は戦略に従う』以来、広く知られるようになりました。このチャンドラーの名著が刊行されたのは一九六二年のことです。ここで力説したいのは、この経営学の発想の基本フレームワークがすでに一九五四年の『現代の経営』において鮮やかに

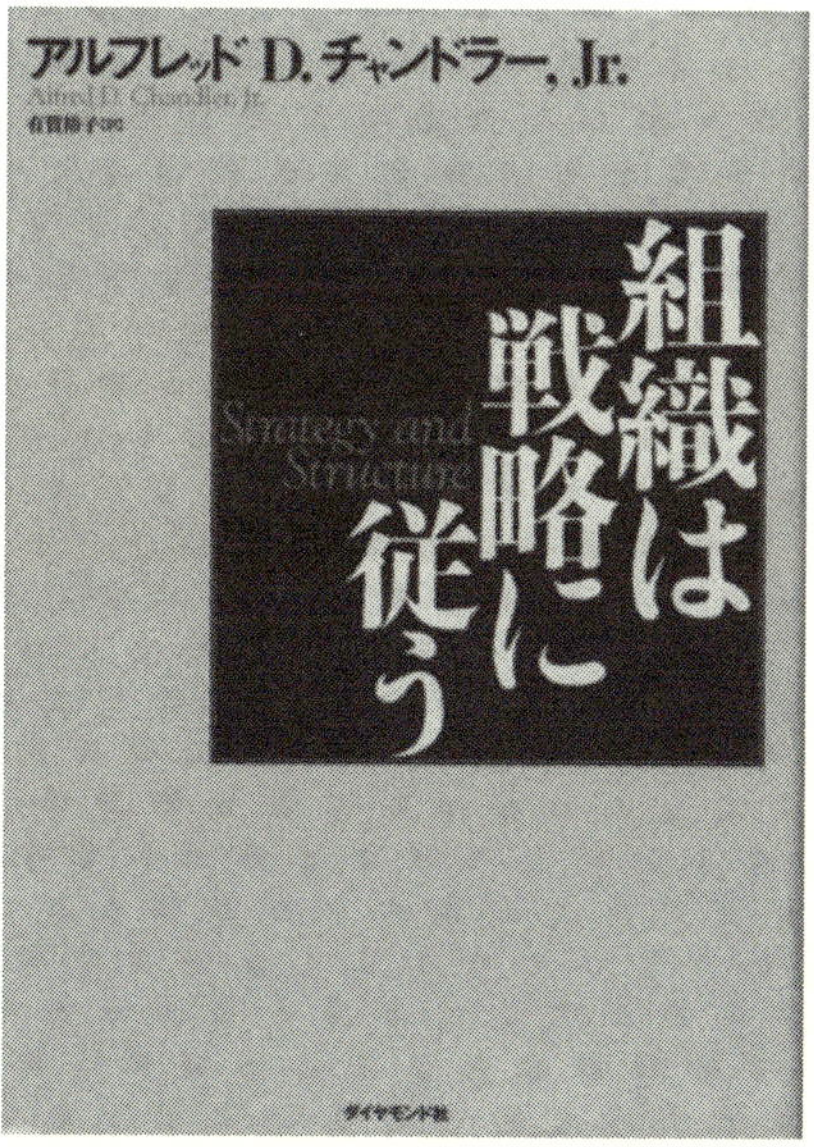

チャンドラー『組織は戦略に従う』邦訳(有賀裕子訳、2004年、ダイヤモンド社刊)の表紙

示されているということです。

チャンドラーの『組織は戦略に従う』は、化学会社デュポン、自動車会社GM、石油会社スタンダード石油・ニュージャージー、小売り会社シアーズ・ローバックという当時米国を代表する大企業の組織改革の歴史を取り上げ、これらの企業がそれぞれの直面した組織課題を解決するために組織分権制を採用し、それまでの機能別組織から事業部制組織への転換を果たして成功したことをケーススタディによってあきらかにした画期的な業績です。チャンドラーはこのようなケーススタディによって、結局、理論的に「組織構造は戦略に従う」という命題を導きました。

「組織構造は戦略に従う」という命題は、戦後経営学における重要な発想転換として認識されてきました。今この発想転換の淵源を辿ると、こうして結局上記の『現代の経営』の認識に辿りつきます。そしてそれはまた、一九四〇年代前半のドラッカーによるGM調査とその成果である一九四六年刊行の『企業とは何か』が基礎になっていることを確認できるわけです。

一方、「組織構造は戦略に従う」というチャンドラーの考え方は一九七〇年代になると、組織理論の新潮流としてのコンティンジェンシー理論を導くきっかけとなりました。コンティンジェンシー理論は、「組織構造は戦略に従う」という考え方をより一般的に組織理論として仕上げた、組織の基本理論というべきものです。

2. 組織の構造をつくる（第17章）

分権制組織の発見

一九四六年刊行の『企業とは何か』は、その後の企業に関する認識をいくつもの点で大きく変えましたが、現実に企業のあり方を変えた点でその最大のものは、分権制組織の「発見」でした。

分権制組織は具体的には事業部制組織として、米国ではすでに一九二〇年代からいくつかの大企業で「発明」されていました。その状況は、チャンドラーの『組織は戦略に従う』で紹介されているとおりです。

この分権制組織はこうして二〇世紀前半に実際の企業の世界では拡がりを見せていきましたが、マネジメント論の世界では認識が薄く、いまだマネジメントの手法、手段として取り入れられることにはなっていませんでした。それ自体は「発明」されていたが、手法としては「発見」されていなかったわけです。

この分権制組織を一気に企業世界の注目の焦点とし、マネジメントの手法として脚光を浴びさせることになったのは、GMにおける事業部制組織を内部調査にもとづいて紹介した一九四六年ドラッカーの『企業とは何か』の刊行でした。同書は当初出版社の予想に反して、当時ベストセラーとなりました。

ドラッカーはこうして自らの調査にもとづいて「発見」した分権制組織を背景にして、『現代の経営』では組織構造の積極的な選択肢として分権制組織を紹介しました。それが同上書、第Ⅲ部の第一七章「組織の構造をつくる」です。

ドラッカーは分権制組織の選択について、次のように述べています。

「第一に組織の構造は可能な限り、連邦型の組織によって活動をまとめるべきである。……第二にこの連邦型の組織を適用できない場合に限って機能別の組織を使うべきである。……連邦型組織と機能別組織は、競合関係ではなく補完関係にある。」(Drucker, 1954：邦訳・下、二一ページ)

「最大限に連邦型組織を導入し、機能別の活動に分権化の原理を適用することによって組織の構造を改革するならば、必ず業績は改善される。なぜならば、その結果、それまで窒息状態に置かれていた優秀な人々が、適切な仕事を効果的に行うことができるようになるからである。」(同上邦訳、五三ページ)

3. 発想転換の背景——『企業とは何か』における分権制組織の評価

GMの設立と経営危機——創立者デュラントの退陣

ドラッカーはすでに『企業とは何か』において、人々の意欲を引出し、企業の活力を高める組織構造としてスローンによって導入されたGMの分権制組織を高く評価しました。

GMにおける分権制組織の導入について語る際、その前提としてはじめに確認しておかなければならないのは、そもそもGMがどのような経過で成立したかということです。

GMは、一九〇八年、投資家ウィリアム・デュラントにより、自らの手で育てた当時米国最大の自動車会社、ビュイック(Buick)社を支配する持株会社として設立されました。その後、GMは、一九〇八年から一〇年にかけて、一八九七年設立の老舗自動車会社オールズ(Olds)社を皮切りに、オークランド(Oakland)社、キャディラック(Cadillac)社など、後にGMの自動車ブランドを構成することになる主要な自動車会社を中心に、合計二五の会社を株式交換などの方法で傘下に収めました。

デュラントは、当時もう一つの有力自動車会社フォード社に対しても参加を持ちかけたが、フォードはこの話に乗らず、独自の道を歩むことになったという話も伝えられています。

しかし、一九一〇年、デュラントは買収資金で負った多額の負債のため、GMの支配を手放し、GMを去りました。

デュラントはGMを去った後、一九一一年、今度はシボレー（Chevrolet)社の設立に関わりました。さらに一九一六年には、デュラントはピエール・デュポンの支援を得てGMにカムバックしました。そして、一九一七年には、シボレー社をGMの傘下に収めました。しかし、一九一九年からの景気低迷はＧＭの経営を直撃し、工場はほぼ全面的に停止するような状態に陥りました。一九二〇年、ついにデュラントは経営不振の責任をとって社長を辞任し、再びＧＭに帰ることはありませんでした。

事業部制（分権制）の導入

一九二〇年、デュラントが去った後、ＧＭは経営の建直しを迫られていました。デュラントの辞任後社長の座を引き継いだデュポンは、この経営建直しの仕事を、アルフレッド・スローンの手に託しました。当時スローンは、ＧＭ傘下の部品・アクセサリー・メーカー、ユナイテッド・モーターズ社の社長であり、同時にＧＭの取締役と経営委員会のメンバーにも加わっていました。

スローンは新社長デュポンの要望に直ちに応えて、一九二〇年末の経営委員会に組織改革案を提案しました。改革案は、経営委員会、取締役会で承認を得、一九二一年早々から実行に移されることになりました。この組織改革案こそが、企業組織改革の歴史を画することになる「事業部制」の導入でした。

ＧＭはすでにみたような主として買収によるその成立経過や、さらに第一次大戦後にとった一層の拡大路線の結果として、大きなひずみと弱点を抱えていました。それが経営不振時に一挙に噴出してきた感がありました。スローンは、その状況を次のように述べています。

「ＧＭは組織に大きな弱点を抱えていた。第一次世界大戦中、そして戦後のインフレ期には表立ったひずみは見られなかったが、一九一九年末から二〇年にかけては見過ごせない問題へと発展した。各事業部ともに生産能力の拡大を計画しており、要求すれば巨額の予算を得ることができた。ところが、資材コストと労働コストが急騰したため、拡大の完了を待たずに予算が底を突いてしまった。各事業部の支出は軒並み予算をオーバーした。事業部間で予算の奪い合いが始まり、経営上

1920～50年代のＧＭ最高経営責任者アルフレッド・スローン（A. P. Sloan, Jr., *My Years with General Motors*, 1964に所載）

層部でもさまざまな思惑が交錯するようになった。」(Sloan, 1963：邦訳、三六ページ)
スローンは、このような状況を打開することを念頭において改革案『組織についての考察』を用意しました。したがって採用された事業部制は、抽象的、一般的な組織理論からの結論ではなく、現実にGMが直面していた組織上の解決課題からの帰結でした。

事業部制の評価

ドラッカーは『企業とは何か』において、「そもそも企業が社会や人間のために働くには、事業体として機能できなければならない。あらゆる組織と同じように、まず組織として存続することが必要である」ことを強調しました。そのうえで、「近代企業とは人間組織である」ということ、「企業においてもっとも重要なものが人間組織である」ということ、そして「人間組織の存続こそ絶対の規範である」としました。(以上、Drucker, 1946：邦訳、二二、二六〜二七ページ)
このような企業の存在意義の確認に立って、ドラッカーは、そのような企業存続のための経営戦略として、GMが一九二〇年代に実現した組織改革、組織分権制としての事業部制の原理とその機能、その意義を詳細にあきらかにしました。GMの組織改革、事業部制についてのこの紹介は、企業研究史上はじめての試みであり、社会的に大きな関心を呼びました。ドラッカーの『企業とは何か』は、この事業部制を最初に世に紹介した業績であり、事業部制が後に企業の組織改革の流行となるきっかけとなりました。

ドラッカーは、はじめに「企業は存続しなければならない」として、次のように問題提起をしています。

「企業にとって重要なことは、経済効率に優れた生産という共通の目的に向けた人間活動のための組織として存続することである。そのために必要とされるものが、管理と目的を調和させ、弥縫策ではない変化への対応を可能にし、かつ現場の仕事を評価するための尺度と枠組みとなりうる経営政策である。」(Drucker, 1946：邦訳、四一ページ)

これに続けてドラッカーは問います、「企業はこれらの問題を解決できるだろうか」と。

このような問いへの回答として、ドラッカーはGMの事業部制、分権制を評価します。GMは、「規模に伴なう問題」「多様性にかかわる問題」「事業部の自立性にかかわる問題」、さらに「一体性の問題」、といった相矛盾する関係も含むような多様な問題を抱えた大企業です。このような現代を代表する企業であるGMが、事業部制を採用し、これらの問題を一体的に解決するのに成功したわけです。そこでドラッカーはいいます。

「事業部に最大限の独立性と責任を与えつつ、全体の一体性を保持した。集権と分権のバランスに成功した。これがGMの分権制である。」「こうしてGMは、分権制を採用し成功した。GMの分権制は、本社経営陣と事業部経営陣の関係にとどまらない。職長を含むあらゆるマネジメント上の階層に適用される。それはまたＧＭの内部にとどまらない。事業上のあらゆる取引先、とくにディーラーとの関係にまで適用する。まさにスローンとその同僚にとっては、分権制こそ、近代産業社会の直面するほとんどあらゆる問題への答えである。」(同上邦訳、四六ページ)

こうして、分権制は現代企業にとって、広く適用されるべき組織の基本原理と認識されることになりました。

4. 事業部制(分権制)組織の社会的普及

ＧＥが果たした役割

『企業とは何か』が刊行されて以後、当時多くの企業が事業部制組織に関心を示し、その導入を図りました。その中で、この組織モデルを最も徹底的に採用したのは、当時米国を代表する典型的な事業多角化企業ＧＥでした。

ドラッカーは一九五〇年、請われてＧＥの経営コンサルタントに就任し、新社長ラルフ・コーディナーが主導するＧＥの組織改革に大きな貢献を果たしました。この時期のＧＥの組織改革への関わりは、ドラッカー自身の「マネジメントの発明者」としての確立にとってかけがえのない成果をもたらしたといって間違いないでしょう。

『現代の経営』に結実するドラッカーの「マネジメントの発明」の主要な舞台となったのは、このGEでした。「マネジメントの発明」につながる、経営者支配の「権力の正統性」の肯定を導いたのは自動車大企業GMでの内部組織調査でしたが、これをさらに「マネジメントの発明」に導く舞台となったのは、総合電機企業(当時)GEでの組織改革への実践的な関わりでした。

一九五〇年、コーディナーの会長就任とともに始まった、事業部制組織の確立を軸とするGEの組織改革は、実際には、副社長ハロルド・スミディとドラッカーの共同作業で推進されました。この作業を象徴するのは、このGEの組織改革の理念と原則を全社管理者に徹底するために使用されたテキストの編集と、それを使った管理者研修プログラムの実施でした。

GE組織改革の理念と原則の体系化は、『GEにおける専門的経営管理(*Professional Management in General Electric*)』

1950年代のGE最高経営責任者ラルフ・コーディナー（R.J. Cordiner, *New Frontiers for Professional Managers*, 1956に所載）

と題された、全四巻のテキストとして実現されました。これらのテキストは、その表紙の色合いから、社内では通称『ブルー・ブックス』と呼ばれたといいます。

『GEにおける専門的経営管理』は、一九五三年と五五年の間に第三巻までが完成しました。第四巻は、遅れて一九五九年に刊行されました。それらの構成は、次のようでした。

第一巻　「GEの成長」全一〇六ページ……一九五三年
第二巻　「GEの組織構造」全三二五ページ……一九五五年
第三巻　「専門経営管理者の仕事」全二四八ページ……一九五四年
第四巻　「専門個別貢献者の仕事」全二九三ページ……一九五九年

（このシリーズは、必ずしも順序良く刊行されたわけではありません。また、以上四巻に加えて、第五巻「GEにおける専門的な仕事」が執筆され、一九六〇年に見本が印刷されました。しかし間もなくスミディが退職したため、完成出版にまで至りませんでした。）

これら四巻から成る『GEにおける専門的経営管理』は合わせて一、〇〇〇ページに及ぶ大部なものであり、その内容を紹介するにはそれ自体かなりの執筆量を要します。

第一巻でGEの創設以来の成長史が総括され、第二巻で、一九五〇年、コーディナーの主導で確立されることになったGEの事業部制組織の構造が細密に紹介されています。第三巻では、GEのような大企業の分権化された組織構造での専門経営管理者の仕事がどのように遂行されなければならないかが、計画化(plan)、組織化(organize)、統合化(integrate)、成果計測(measure)といった四つの経営管理のキーコンセプト(POIMと呼ばれた)にもとづいて、二五〇ページにわたって説明されています。

すでにあきらかなように、同上書は、GEが作り上げた事業部制組織の類を見ない精緻なガイドブックでありました。同書はその後、事業部制組織導入の際してのテキストブックとなりました。

『現代の経営』完成の舞台となったGE

当時、ドラッカーはGEの経営コンサルタントとして、スミディとともにGE組織改革のための、上記のテキスト編集に取り組むと共に、自らの最初の本格的なマネジメント書『現代の経営』を書き上げつつありました。その結果として、一九五四年には、これら両方が併せて公にされることになったのです。したがって、『現代の経営』の第Ⅲ部「マネジメントの組織構造」には、先行したGMでの事業部制組織調査の成果と同時に、GEが作り上げた事業部制組織のエッセンスが反映されていても不思議はありません。

GEは、一九五六年、ニューヨーク州ハドソン河下流河岸のクロトンビルで、『ブルー・ブックス』にもとづく経営管理者研修を開始しました(そのために、クロトンビル経営管理研修所Crotonville

Management Training Centerを開設しました)。

それまで米国では、経営幹部のトレーニングを行う機関は、ハーバード、フィラデルフィア(ウォートン)、コーネルなど著名大学のビジネス・スクールに限られており、企業内で本格的な経営幹部の養成に取り組むのは、このGEのクロトンビル経営管理研修所がはじめてでした。

今日、クロトンビルのGEのリーダーシップ開発研究所は前会長ジャック・F・ウェルチの名とともに世界最高の経営幹部養成機関として著名ですが(実際に、この研究所にはJ.F.Welch Leadership Development Instituteと、ウェルチの名が冠せられています)、このGEの研究所は、こうして誕生したのです。

このクロトンビル経営管理研修所もスミディの考案によるものでした。大学のビジネス・スクールと異なる、この研修所での訓練プログラムの大きな強みの一つは、著名な経営幹部や学者の講演と、これをめぐっての熱心な参加者と講演者との間の討議を重視し、ケース・スタディの使用を最小限にとどめたことでした。

ちなみに、一九五六年第一回目の訓練コースでの著名な講師のリストをみてみると、GE内部からは当時のトップ経営陣が顔を揃え、また外部からは当時の経営管理研究界、経営コンサルタント界をリードする超一流の講師陣が参加していました。そこでの講演日数をみてみると、このなかで断然群を抜いていたのは、社内では副社長スミディであり、外部講師ではドラッカーでした。

『現代の経営』における「ＧＭ・ＧＥ物語」

少し余談になりますが、『現代の経営』の部別構成をみると、第Ⅰ部「事業のマネジメント」では冒頭の第四章では「シアーズ物語」があり、第Ⅱ部「経営管理者のマネジメント」では第一〇章で「フォード物語」、さらに第Ⅳ章「人と仕事のマネジメント」では第一九章で「ＩＢＭ物語」があって、それぞれその部のテーマの導入の役割を果たしています。しかし、第Ⅲ部「マネジメントの組織構造」ではそのような導入の役割をする具体事例の紹介がありません。

ドラッカーが第Ⅲ部にはなぜそのようなものを入れなかったか、理由はわかりません。しかし、もし入れるとすれば、すでに述べてきたことからあきらかなように、それは当然、「ＧＭ・ＧＥ物語」であろうというのが私の見方です。

ドラッカーのマネジメント組織論の構築において、ＧＭとＧＥは格別の役割を果たしました。ＧＭは一九四〇年代半ば、依頼された社内調査を通じて、ドラッカーの企業組織についての認識、とりわけ分権制、事業部制についての認識が形成される舞台となり、その成果が一九四六年の『企業とは何か』に結実しました。そして同書は『現代の経営』の最大の基盤となりました。また
ＧＥは一九五〇年から、ドラッカーの最も関わりの深いコンサルタント活動の舞台となり、ここ

で分権制、事業制の実践経験を深めました。

ドラッカーが『現代の経営』第Ⅲ部でイントロダクションを書くとすれば、ＧＭとＧＥについての豊富な材料があったであろうことは疑いの余地がありません。しかしそれを敢えてしなかったところに、ドラッカーとＧＭ、ＧＥとの特別の濃密な関係に対する配慮があったのかも知れません。

講義Ⅵ

「人こそ最も大きな潜在能力をもつ資源である。」

――人と仕事のマネジメント（『現代の経営』第Ⅳ部）

「人的資源、すなわち人こそ、企業に託されたもののうち、最も生産的でありながら最も変化しやすい資源である。そして、最も大きな潜在能力を持つ資源である。」(Drucker, 1954：邦訳・下、一〇二ページ)

「人には他の資源にはない資質がある。すなわち、調整し、統合し、判断し、想像する能力である。まったくのところ、人が他の資源に勝る資質は、それらの能力だけである。……と同時に、われわれは働く人を人として見る必要がある。すなわち、『人的資源』の『人的』たるゆえんのところを中心に据える必要がある。すなわち、人を精神的、社会的な存在として認識し、その特質に合った仕事の組織の仕方を考えるというアプローチが必要である。」(同上邦訳、一〇三ページ)

1. 人を雇うということ（第20章）

資源としての働く人――「人こそ最も大きな潜在能力を持つ資源」

第III部「人と仕事のマネジメント」における最も基本的なコンセプトは次の言葉に集約されています。

「人的資源、すなわち人こそ、企業に託されたもののうち、最も生産的でありながら最も変化しやすい資源である。そして、最も大きな潜在能力を持つ資源である。」(Drucker, 1954：邦訳・下、一〇二ページ)

「人には他の資源にはない資質がある。すなわち、調整し、統合し、判断し、想像する能力である。まったくのところ、人が他の資源に勝る資質は、それらの能力だけである。……と同時に、われわれは働く人を人として見る必要がある。すなわち、『人的資源』の『人的』たるゆえんのところを中心に据える必要がある。すなわち、人を精神的、社会的な存在として認識し、その特質に合った仕事の組織の仕方を考えるというアプローチが必要である。」(同上邦訳、一〇三ページ)

「資源としての働く人」についてのこのような評価は、『現代の経営』におけるドラッカーの発想転換を代表するものの一つです。

伝統的に経済学やマネジメントの世界では、「人はコスト」として、他の無機質な資源、土地、建物施設、資本などと同様の扱いを受けてきました。そのような発想は、第I部で問題とした「企業の目的」を利潤動機、利益最大化から発想するのと軌を一にするものであり、表裏の関係にあるといっていいものです。

ドラッカーはこの見方を大きく転換しました。「人」はその他の資源とはまったく異なる性格、とくに自ら「調整し、統合し、判断し、想像する」能力を持つ資源であるという認識を浮上させました。同時に、働く人を「人」として見るという観点を明確にしました。その上で、「人を精神的、社会的な存在として認識し、その特質に合った仕事の組織の仕方を考えるというアプローチが必要である」としました。

このような発想転換の背景にあったのは、企業の目的を利潤動機(利益最大化)から顧客ニーズの創造に転換した背景と同様に、企業の社会的な役割についての認識の深化、つまり「企業にとって第一の責任は、存続することである」という認識への到達であったと思われます。このような企業の社会的役割の認識の深化は、組織としての企業における「人的資源」の評価を転換させる大きなきっかけとなったわけです。企業の永続性を保証する経営資源は、なにより「人」であり、その潜在能力をいかに引出し、活用していくかに企業の永続性がかかっているという認識が生まれました。

そのような認識はさらに、元来「人は働きたがらない」ものであるという俗説を一転させました。そして、「人は自ら働くことを求める」という見方を基本において人と仕事のマネジメントを追求するという立場をとることになりました。そこで問題になるのは、働く人の動機をいかに知り、意欲をいかに引き出すかということでした。ドラッカーは次のように述べています。

「われわれが必要としているものは、基本的な考え方である。それは、すでに明らかである。それは、人は自ら働くことを求めるということである。人が働きたがらないと考えることはできない。そのような考えは、われわれが人間性についてすでに知っていることに反する。……したがってマネジメントが直面する課題は、働く人の意欲を知り、彼らを参画させ、彼らの働きたいという欲求を引き出すことである。」（同上邦訳、一一六ページ）

2. 発想転換の背景（1）――「ＩＢＭ物語」（第19章）

人間観の転換

ドラッカーの人間観の転換は、しかし観念的な思考の中だけで進んだものではありませんでした。ドラッカーの人間観の転換には、実はドラッカーのＩＢＭとの交流の歴史が反映していることが彼自身の言葉の中に残されています。

ドラッカーとＩＢＭとの交流については、彼自身の自伝『ドラッカー二〇世紀を生きて――私の履歴書』二〇〇五年、とその訳者・佐野洋さんの解説の中で比較的に詳しく触れられています。

それによれば、ドラッカーとＩＢＭの関係は、米国の雑誌王ヘンリー・ルイスに頼まれ、『フォーチュン』（同誌は一九三〇年創刊）の創刊一〇周年記念号の「企業ストーリー」でＩＢＭを取り上げた記事の編集作業に関わったことがきっかけであったといわれています。具体的には、その記事を担当した駆け出しの記者へ、ＩＢＭの総師トーマス・ワトソン・シニアが示した関心をめぐっての、ドラッカーとワトソンとのやりとりがその始まりであったということです。

しかし、自伝訳者・佐野さんが明かす秘話によれば、ドラッカーは『フォーチュン』誌の編集に関わるずっと前、ドラッカーがまだヨーロッパに滞在したころにワトソン・シニアに会ったことがあったと打ち明けたという。

いずれにしてもドラッカーとＩＢＭ、ワトソン・シニアの関係は深く、その関係は一九五〇年代以降もＩＢＭトップをついだ息子ワトソン・ジュニアにも引き継がれ、ＩＢＭのコンサルタントも引き受けました。こうしてドラッカーはＩＢＭの事実上の創業者ワトソン一族と長い付き合いをつづけ、その間ドラッカーもＩＢＭの経営から学ぶことが多かったと思われます。ドラッカー自伝の訳者・佐野さんは、同上訳書の解説の中で、ドラッカーが後に「企業の最も重要な資源は知識労働者」とか「労働力はコストではなく資源」と語るようになったのも、長い間ＩＢＭを観察していたことと無関係ではない、と語っています。

『現代の経営』第Ⅲ部「人と仕事のマネジメント」のイントロダクション、第一九章は「ＩＢＭ物語」となっています。実際ここには、このようなドラッカーとワトソン一族、ＩＢＭとの交流の歴史が色濃く反映しています。

ここでドラッカーは「人と仕事のマネジメント」に関わる基本問題とその解決のための原則の最もよい例は、コンピュータと事務用機器の最大手のメーカー、ＩＢＭであるとしたうえで、具体的にいくつかのＩＢＭにおける人と仕事のマネジメントを紹介し、それを高く評価しています。

最高経営責任者を譲渡したあとのＩＢＭ社トーマス・ワトソン父子（W.Rodgers, *Think: A Biogrephy of the Watsons and IBM*, 1969に所載）

まず仕事の担い手について次のように述べています。

「ＩＢＭの機器は高度に熟練した職人によって生産されているのではない。熟練した技能によってのみ生産されるものであったならば、大量に生産することも、一般の顧客に手の出る価格で生産することもできない。ＩＢＭでは、それらの製品を半熟練の機械工が生産している。まさにＩＢＭは、テイラーの科学的管理法と新型の大量生産が、多様な種類の最も複雑で最も精密な機器の少量生産に適用できることを証明している。」(Drucker, 1954：邦訳・下、九四ページ)

このようなＩＢＭの「仕事の拡大化方針」は半熟練労働者に大きな機会を与えた、とドラッカーは評価しました。

ＩＢＭのもう一つのイノベーションは従業員のエンジニアリングへの参画です。このイノベーションは半ば偶然の結果だったとドラッカーはいっています。

ＩＢＭが新型の複雑なコンピュータを開発したとき需要が急増し、エンジニアリングが終わる前に生産に入らなければならなくなりました。その際、最終的な設計のエンジニアリングは技術者が現場の従業員と協力して進めなければなりませんでしたが、それが非常にいい結果を生み出しました。エンジニアリングは大幅に改善され、生産コストは下がり、生産時間は短縮されました。しかもこの仕事に参画した従業員はその後の活動において優れた成果を上げました。これはその後のＩＢＭの製品開発や改善に広く適用されるようになったということです。

「こうして一人ひとりの従業員が、製品、生産工程、さらには自らの仕事の設計に参画している。そして常に、最初の経験のときのように、製品の設計、生産のコスト、生産に要する時間、従業員の満足などの点で大きな成果をあげている」（同上邦訳、九七ページ）と、ドラッカーはＩＢＭを評価しています。

さらにＩＢＭのイノベーションとして、一九三〇年代大恐慌時にも雇用保障の方針を貫徹したということを上げています。ＩＢＭのトップマネジメントは雇用の維持を自らの使命としました。そこでＩＢＭは市場を成長させることに成功し、一九三〇年代をとおしてその雇用を事実上完全に維持しました。

一九三〇年代は周知の大不況期でしたが、ニューディール政策によって事務機器産業はむしろ好況産業でした。しかし事務機器企業が並べて好況というわけではありませんでした。その中でＩＢＭだけが好況を維持できたことについて、ＩＢＭのトップマネジメントが次のように述懐していることをドラッカーは紹介しています。

「ＩＢＭは、成長したから不況時にも雇用を維持できたといういい方は正しくない。逆に、雇用の維持を約束したからＩＢＭは成長した。この約束のせいで、ＩＢＭは新しい顧客と新しい用途を見つけなければならなかった。さらには、市場において満足させられていないニーズを見つけ、そのニーズを満足させる製品を開発しなければならなかった。海外に市場を開拓し、輸出を

促進しなければならなかった。」(Drucker, 1954：邦訳下、一〇〇ページ)

「もし不況時にも雇用を維持するという約束がなかったならば、ＩＢＭは世界一の事務機器メーカーにも、輸出企業にもなっていなかったと思う。私はときどき、雇用を増大させていくことを約束しておけば、もっとよかったのではないかと思っている。」(同上邦訳、一〇〇ページ)

また先に掲げたドラッカー自伝の訳者・佐野さんは、大恐慌の最中の一九三〇年代、ＩＢＭは単純なパンチカード機械を作っているだけで、独自の商品や技術と呼べるようなものは何もなかった。それなのに倒産を免れた。社員の再訓練に力を入れるなどで雇用を維持したことが最大の理由だ、とドラッカーが語っていたことを紹介しています。

3．発想転換の背景(2)——バーナードにおける人間仮説の転換

「経済人仮説」(経済学仮説)から「全人格仮説」へ

「ＩＢＭ物語」という現実の経験と同時に、ドラッカーの発想転換にはもうひとつの背景があったと思われます。それはドラッカーに先立つ組織理論の先達、バーナードにおける人間仮説の転換です。

経済学にしろ組織理論にしろ、およそ社会科学ではまずその出発の前提にどのような人間観を

おくかが問題となります。それによって、導かれる理論の方向が大きく異なってくるからです。この当時は、社会科学の諸理論の人間仮説は経済学の影響が大きく、利潤動機を基本とすることが支配的でした。人間は「利益の最大化」を基本として社会行動をするものと前提されました。この点は理論経済学では今日に至るも変わっておらず、その体系は利益最大化を基本として行動する「経済人仮説」によって組み立てられています。

これに対して、一九三〇年代に近代組織理論の革命を起こしたとされる『経営者の役割』(一九三八年)の著者バーナードはその「序」で、このような状況に対して次のように危惧を表明しました。

「組織に関する混乱の原因としてあげたいのは、過去一五〇年間における経済思想の発展過程と、初期の経済理論の形成において安易になされた人間行動の経済的側面の誇張である。……アダム・スミスやその後継者たちによって有効に構成され、かなり発達した諸理論は、特定の社会的過程――そのなかで経済的諸要因はたんなる一側面にすぎない――に対する関心を抑制し、経済的関心のみを過度に強調したのである。……今日の多くの人々の思想では、人間は『経済人』であって、経済的以外の属性はわずかしかもたないものだ、ということを意味したし、いまもなお意味している。」(Barnard,1938：邦訳「日本語版への序文」、四〇ページ)

バーナードは、さらにこのような見方こそが、経済的であれ非経済的であれ、社会での行動の場所である具体的な組織とそれに関連する個人の役割とを無視せしめる、とくに経営組織では経済的なそれとならんで、非経済的な動機、関心および過程が基本的なものであると述べています(同上邦訳、四〇～四一ページ)。

それではバーナードは人間をどのように規定するでしょうか。

「この書物では個人とは、過去および現在の物的、生物的、社会的要因である無数の力や物を具体化する、単一の、独特な、独立の、孤立した全体を意味する。」(同上邦訳、一三ページ)

「人間にはつねに選択力があり、同時に、人間は主として現在および過去の物的、生物的、社会的諸力の合成物であるといってもよかろう。このことは選択力が重要でないというのではない。選択は、あるときには非常に狭い範囲に限られることもあるが、一定の方向にひきつづいて選択をしつづけると、究極的には人間生活の物的、生物的、社会的要因を大いに変えるであろう。現に変えてきたことは私には明白だと思われる。」(同上邦訳、一六ページ)

ここには、通説である「経済人仮説」に代わる新しい人間仮説、自由意志と責任を備えた自律的な、いわば「全人格仮説」ともいうべきものが提起されています。

つまり人間は、過去および現在の物的、生物的、社会的要因である無数の力や物といった要因によって制約された存在です。しかし人間は、(1)活動する、(2)その背後に心理的要因(動機)をもつ、(3)選択力と自由意志をもつ、(4)目的を設定する、というような人格特性をもつ存在です。

したがって、その選択力と行動によって、人間を制約する環境を変えていくことができる存在です。バーナードは、このような「人間特性こそ、この書物の基本的な公準なのである。人間行動の心理的な力についてなんらかの立場に立つのでなければ、協働体系の理論や組織の理論の構成も、組織の行動、管理者やその他組織参加者の行動の意義ある説明もこれをなしえない」(同上邦訳、一五ページ)と断言しています。

このような社会科学における人間仮説の転換は、画期的なことでした。当時、ナチズム、全体主義が支配する社会状況のなかで、自由で機能する産業社会の到来という「すでに起こった未来」を見つめ、「経済人の終焉」と、新しい人間の働き方、新しい人間社会のあり方を求めて思考を深めつつあったドラッカーにとって、このバーナードによる経済人仮説克服の提案が大きな意味を持ったことは疑いありません。

4．人事管理は破綻したか(第21章)

科学的管理法について

「働く人」についての発想転換に立って、『現代の経営』は「人と仕事のマネジメント」についての具体的な問題を俎上にのせています。その際、ドラッカーはまずこれまでの「人と仕事のマネジメント」についての基本的な理論、認識を問題にしています。

対象にしているのは、人事管理論、人間関係論、科学的管理法ですが、人と仕事のマネジメントについて、とくに米国でその基礎になっているものに科学的管理法があります。これについて『現代の経営』はかなり丁寧な評価を行っています。

科学的管理法は、仕事そのものに焦点を当てるものであり、その中核をなすのは仕事の分析です。それによって仕事の要素動作への分割を行い、仕事の体系的改善を図るものです。一八八〇年代、フレデリック・テイラーが手掛けるまで、ほとんど誰も仕事そのものを分析し、体系的に研究するということはしませんでした。仕事は与えられたものとして前提されてきました。したがって、「科学的管理法は、まさに人の解放と啓発につながる偉大な洞察の一つだった」とドラッカーは評価しています。

「それなくしては人と仕事のマネジメントについて、よき意図、訓戒、督励以上のことは何もできなかったに違いない。科学的管理法の結論に疑念はあっても、その基本的洞察は、人と仕事のマネジメントにおいて、あらゆる思索と作業に不可欠の基礎となるものである。」(Drucker, 1954：邦訳・下、一二八ページ)

しかしドラッカーは、「科学的管理法はその世間的な成功にもかかわらず、実は人と仕事のマネジメントに関わる問題の本当の解決には成功していない」といい、そこには二つの盲点があるといいます。

第一の盲点は、「仕事は単純な要素動作に分解しなければならないがゆえに、それら個々の要素動作の連鎖として仕事を組織し、しかも可能なかぎり一人の人間が一つの要素動作を行うように組織する必要があるという考え」です。要するに、仕事の組織化の本質は要素動作にのみあると誤解したことです。

第二の盲点は、実行からの計画の分離をその基本的な信条としていることです。ここでみられるのは、「分析の原理と行動の原理の混同」です。ドラッカーは、「計画と行動の分離という考えが、科学的管理法から得られるものを台無しにした。仕事の分析から得られるものを減殺した。特に、計画から得られるものを著しく減殺した」と厳しく評価しています。

しかし、私たちは、科学的管理法の基本的な洞察を大切にしなければならないと、ドラッカーはいいます。同時に、科学的管理法の適用の方法は超えなければならないといいます。

その上で、改めて「人事管理は破綻したか」と問います。

「いや破綻はしていない。負債は資産を超過していない。しかも支払いは不能である。人と仕事のマネジメントに関わる約束手形について、成果という現金で支払いを行うことは不可能である。人間関係論と科学的管理法の洞察による資産は豊富である。ただし、それらの資産は凍結さ

れている。……」(Drucker, 1954：邦訳・下、一三八ページ)

「人を出来の悪い道具としてとらえるのではなく、まさに仕事を人の特性に従って組織することについて、科学的管理法の大家たちが真剣に取り上げている。しかもIBM物語が示しているように、実務家たちが古い理論を超えて、著述家や理論家たちよりも先に進んでいる。」(同上邦訳、一三九ページ)

5. 最高の仕事のための人間組織と動機づけ(第22、23章)

最高の仕事のための人間組織

それまでの人事管理についてのいくつかの考え方や実践についての評価のうえに、『現代の経営』は具体的に「最高の仕事のための人間組織」、「最高の仕事への動機づけ」を提言しています。

まず「最高の仕事のための人間組織」という観点から、当時米国が世界先端を行き、隆盛を誇った自動車産業のフォード方式の組み立てラインを、「もはやわれわれは、自動車の組み立てラインが仕事の設計として完全なものではないことを知っている。それは機械の仕事の設計としても完全ではなく、非効率である」(Drucker, 1954：邦訳・下、一四五ページ)と厳しく評価します。その上で、人と仕事のあるべきマネジメントの立場から、人間組織のあり方を次のように提言します。

「われわれは、いまや一つではなく二つの原理をもつ。機械の仕事のための原理は機械化である。人の仕事のための原理は統合化である。この二つの原理のいずれもが、仕事の体系的な分析とその要素動作への分解からスタートする。その次に、仕事の論理による要素動作の配列と統合がくる。」(同上邦訳、一四六ページ)

今後生産性の向上は、ますますこれら二つの原理への理解と体系的な適用にかかってきます。その際最大の問題は、人の仕事の組織化です。しかし、自動車産業の組み立てラインは、「われわれがこれまで考えてきたような人の仕事のモデルではない。人ではなく機械が行うべき仕事の、すでに陳腐化したモデルにすぎない」といいます(同上邦訳、一四七ページ)。

それでは、われわれは人の仕事の組織化の最良の方法を知っているのでしょうか。これらの問いに対する完全な答えはない、しかしいくつかの基礎的な原理はあきらかであるとして、三つの原理を紹介しています。前提となっているのは、仕事を要素動作に分解することではなく、それらの要素動作を一つの全体に統合することであるといいます。

第一の原理は、「仕事はそれぞれひとまとまりの段階として独立させることである。」(同上邦訳、一四九ページ)

第二の原理は、「仕事のスピードとリズムは、仕事をしている者自身の働き方に従って決めることである。」(同上邦訳、一五〇ページ)

第三の原理は、「IBM物語が教えているように、仕事はある程度の挑戦、すなわち技能や判断を要する要素を含むものにすることである。」(同上邦訳、一五〇ページ)

ここまで最高の成果を上げるための仕事の組織化について述べてきましたが、『現代の経営』は最高の成果を上げるためにはさらに、「人の組織化」と「人の配置」が必要であるといいます。

人を組織するということについては、「最高の仕事を組織するための要件は、社会的な集団とその一体性が仕事に直接貢献するようにすることである。少なくとも両者の衝突を避けることである」(同上邦訳、一五四ページ)と述べています。そして、「効果的なチームの対極の存在ともいうべき自動車の組み立てラインにおいてさえ、人は多様な作業を行う能力を持たされるとき、仕事からの満足も向上することがみとめられている」(同上邦訳、一五五ページ)といっています。

さらに、仕事のために人を組織するということは、一人ひとりの人間をその最も適した仕事に配置することを意味しています。『現代の経営』は、「一人ひとりの能力、判断、スキルとは関係なく仕事を組織することができるなどという考えは、高度な技術のもとでは通用しない。そのような仕事は、人ではなく機械によって行うべきである」(同上邦訳、一五七ページ)といっています。

最高の仕事への動機づけ——いかなる動機づけが必要か:「満足ではなく責任である。」

『現代の経営』は、「最高の仕事のための人間組織」はいかにあるべきかと並んで、「最高の仕事への動機づけ」について提言します。その際、まず冒頭でそれまで人の仕事への動機として通念とされてきた「働く人の満足」という考えを否定しています。

「働く人から最高の仕事を引き出すには、いかなる動機づけが必要か。通常、これに対するアメリカ産業界における答えは、働く人の満足である。しかし、この答えはほとんど意味をなさない。」「つまるところ、満足は動機づけとして間違っている。満足とは受け身の気持である。」(Drucker, 1954：邦訳・下、一五九～一六〇ページ)

働く人の積極的動機づけとして、「金銭的な報奨についての満足」ということが語られることがあります。しかしドラッカーは、それは決して積極的な動機づけとしては十分ではないといいます。これに対して、企業は働く人に対し進んで何かを行うことを要求しなければなりません。企業が要求しなければならないことは仕事であり、受け身の気持などではありません。「ここにおいて意味あるものは、満足ではなく責任である」(Drucker, 1954：邦訳下、一六一ページ)というのがドラッカーの考えです。そして、「実は、そもそも働く人が責任を欲しようと欲しまいと関係はない。働く人に対しては責任を要求しなければならない。企業は仕事が立派に行われることを必要とする。もはや恐怖を利用することができなくなった今日、企業は働く人に対し、責任を持つよう励まし、誘い、必要ならば強く求めることによって、仕事が立派に行われるようにする必要がある」といいます(同上邦訳、一六二ページ)。

それでは、仕事で責任をもたせるにはどうするか。人の正しい配置、仕事の高い水準の要求、自己管理に必要な情報の提供などは、責任への動機づけの条件です。しかし、それだけでは十分ではない。最も大切なことは、働く人が「マネジメント的な視点」を備えることであると『現代の経営』はいいます。

「働く人はマネジメント的な視点をもつときにのみ、すなわち企業全体の成功と存続に責任をもつ経営管理者のように企業を見るときにのみ、最高の仕事を目指して自らの責任を果たすことができる。そのような視点は、参画を通じてのみ獲得できる。」(同上邦訳、一六七ページ)

この点はまた、後の専門職を語る個所で、別の言葉で次のように述べられています。

「資源としての肉体など存在しないということが、本書の基本命題の一つである。また人と仕事のマネジメントが目的とするものは、企業に働く人全員にマネジメント的視点を持たせることであり、そのための方法は彼らに責任と権限を与えることであるということが、本書の命題である。」(同上邦訳、一九八ページ)

講義Ⅶ

「経営管理者にとって決定的に重要なもの、それは真摯さである。」

——経営管理者であることの意味（『現代の経営』第Ⅴ部）・マネジメントの責任（『現代の経営』結論）

「厳しいプロは、高い目標を掲げ、それらを実現することを求める。誰が正しいかではなく何が正しいかを考える。頭のよさではなく真摯さを大切にする。つまるところ、この資質に欠ける者は、いかに人好きで人助けがうまく、有能で頭がよくても、組織にとっては危険な存在であり、上司および紳士として不適格である。」(Drucker, 1954：邦訳・下、二三二ページ)

「つまるところ、いかなる一般教養を有し、マネジメントについていかなる専門教育を受けていようとも、経営管理者にとって決定的に重要なものは、教育やスキルではない。それは真摯さである。」(Drucker, 1954：邦訳・下、二六二ページ)

1. 経営管理者であることの意味（第Ⅴ部）

優れた経営管理者の要件（第27章）

経営管理者のあり方についてはすでに第Ⅱ部「経営管理者のマネジメント」で論じられました。「経営管理者であることの意味」と題されたこの第Ⅴ部では、いわば本書のまとめの意味を込めて、そのエッセンスが、「優れた経営管理者の要件」「意思決定を行うこと」「明日の経営管理者」という三つの点から改めて取り上げられています。

まず「優れた経営管理者の要件」に関わっては、二つの特有の課題があるといいます。第一に、経営管理者は部分の総計を超える総体、すなわち投入された資源の総計を超えるものを生み出さなければならない。例えていうならばオーケストラの指揮者であるということです。第二に、経営管理者はあらゆる意思決定と行動において、当面するニーズと長期のニーズを調和させなければならない。この二つのいずれを犠牲にしても企業を危機に陥れる、といっています。

したがって、経営管理者たるものは、「企業全体と自らの部門の仕事ぶりに責任をもつとともに、二つの時間を生き、二つの時間において活動しなければならない」とドラッカーはいいます。

次に、経営管理者の仕事の特性ですが、それはきわめて特殊な資源、すなわち人と共に働くということです。このことから人は、ともに仕事をする者に対し特別の資質を要求することになります。そして、そこから出てくる経営管理者に対する独特の要求があります。それは、結局、「人間としての真摯さ」である、とドラッカーはいっています。

「厳しいプロは、高い目標を掲げ、それらを実現することを求める。誰が正しいかではなく何が正しいかを考える。頭のよさではなく真摯さを大切にする。つまるところ、この資質に欠ける者は、いかに人好きで人助けがうまく、有能で頭がよくても、組織にとっては危険な存在であり、上司および紳士として不適格である。」(Drucker, 1954：邦訳・下、二二一ページ)

「経営管理者が行うべきことは、すべて体系的に分析することができる。経営管理者ができなければならないことは、必ずしも教えることができるとは限らないが、学ぶことができる。しかし、経営管理者が学ぶことのできない資質、習得することができず、もともともっていなければならない資質がある。才能ではなく真摯さである。」(同上邦訳、二二二ページ)

意思決定を行うこと(**第28章**)

次に、ドラッカーは意思決定をするということについて述べます。

意思決定には戦術的な意思決定と戦略的な意思決定があります。これは当然のことですが、経営管理者たるものにとって、重要なものは戦略的意思決定であり、これはますます重要なものとなっています。それは、直感による戦術的な意思決定の能力にますます依拠することができなくなっています。そして、今日意思決定の方法についての知識や洞察なしにすんでいる経営管理者も、明日はそれを理解し、活用しなければならなくなるとドラッカーはいいます。

ところで、その戦略的意思決定では、「範囲、複雑さ、重要さがどうあろうとも、初めから答えを得ようとしてはならない。重要なことは、正しい答えを見つけることではない。正しい問いをさがすことである」(Drucker, 1954：邦訳・下、二二六ページ）とドラッカーはいいます。

戦略的意思決定には、問題の理解、問題の分析、解決案の作成、解決策の選定、効果的な実行という五つの段階があります。その際、意思決定は経営管理者にとって時間の浪費に終わることもあれば、時間の有効利用のための最善の手段となることもありますが、とにかく「意思決定のプロセスにおいては、まず問題の理解のために時間を使う必要がある」(同上邦訳、二二七ページ）というのがドラッカーの考え方です。

しかし、いかなる意思決定も決めることが目的ではなく、成果を上げることが目的です。したがって、「いかなる解決策といえども、実行に移され成果を上げなければならない」、「せっかくの解決策も、実行があって初めて意思決定となる」(同上邦訳、二四三〜二四四ページ）ことはいうまでもありません。

明日の経営管理者（第29章）

本章は、事実上本書のまとめとなっています。ここでは『現代の経営』がこれまで明らかにしてきた経営管理者に対する新しい圧力、新しい要求について、とくに重要なことについてまとめています。

ドラッカーは、明日の経営管理者は以下のような七つの仕事に取り組むことを求められるとしています（Drucker, 1954：邦訳・下、二五四〜二五五ページ）。

（1）目標によってマネジメントする。

（2）長期のリスクをとる。リスクを計算し、有利なリスクを選択し、何が起こるかを予測し、予期した事態あるいは予期せぬ事態が生じた場合の行動を自らコントロールする。

（3）戦略的な意思決定を行う。

（4）共通の目標のもとに自らの成果を評価するメンバーからなるチームを構築する。同時に、明日のための経営管理者を育成する。

（5）情報を迅速かつ的確に伝え、他の人を動機付ける。

（6）一つあるいはいくつかの機能に通じているだけではなく、事業全体を把握する。

（7）市場の外と国の外の動きに注意する。世界的な規模における経済、政治、社会の動きを把握し意思決定に反映させる。

しかし、このような多様で大量の仕事をこなさなければならない人の能力は、古来そんなに変化していません。

それでは、かつてと同じ種類の人類をもって、これらの経営管理者の直面する新しい課題をいかに遂行することができるか、とドラッカーは問います。その答えは以下のようです。

「答えは一つしかない。仕事の単純化である。そのための方法も一つしかない。勘と直感で行ってきたことをシステムと方法論によって行い、経験と体験によって行ってきたことを原則としてコンセプトによって行うことである。」(Drucker, 1954：邦訳・下、二五六ページ)

「明日の経営管理者は、直感だけの経営管理者であるわけにはいかない。システムと方法論に習熟し、パターンを認識し、個別の事象を全体へと総合し、普遍的なコンセプトを形成し、原則を適用しなければならない。さもなければ失敗する。……そしてまさに本書が目的としてきたものが、これら普遍的なコンセプトの形成、正しい原則の発見、基本的なパターンの提示、システムと方法論の確立だった。」(同上邦訳、二五六ページ)

明日の経営管理者の育成（第29章）

それでは最後に、このような明日に求められる経営管理者の育成はいかになされるべきなのでしょうか。

ドラッカーは結論的にいえば、二つのことを強調しています。

第一に、経営管理者の育成には、「マネジメントの経験」が必要である。

第二に、経営管理者には知識や概念の理解だけでは不十分である。中心となるものは人としての「真摯さ」である。

第一の点について、次のようにいっています。

「目標によるマネジメント、事業の分析、さらには目標の設定とそのバランス、目前のニーズと遠い将来のニーズの調和について学ぶことには、人としての成熟に加え、マネジメントの経験が必要である。経営管理者としての経験あるいは成人としての経験がなくとも、これらのことを唱えることはできる。しかし行うことはできない。」(Drucker, 1954：邦訳・下、二五九ページ)

「若いうちは、経営管理者をマネジメントすることの意味も、人と仕事をマネジメントすることの意味も分からない。ビジネススクールで人事管理論を学んだから人をマネジメントする資格があると思っている若者ほど、役に立たず悲しむべき存在はない。役に立つことをほとんどなしえず、害を与えるだけの存在である。」(同上邦訳、二六〇ページ)

「したがって、明日のマネジメントの課題を果たすためには、すでにマネジメントにある人たちのための高等教育が必要である。……今後マネジメント教育が、成人すなわち経験豊かな経営管理者に対する高等教育へと焦点を移していくことは間違いない。」(同上邦訳、二六一ページ)

第二の点については、次のようにいっています。

「知識や概念の教育だけでは、経営管理者は明日の課題を果たすことはできない。明日の経営管理者は、仕事ができればできるほど真摯さを求められる。」（同上邦訳、二六二ページ）

「実に新しい課題は、明日の経営管理者に対し、哲学を持ってあらゆる行動と意思決定を行い、知識、能力、スキルだけでなく、ビジョン、勇気、責任、真摯さをもって人を導くことを要求する。……つまるところ、いかなる一般教育を有し、マネジメントについてのいかなる専門教育を受けていようとも、経営管理者にとって決定的に重要なものは、教育やスキルではない。それは真摯さである」（同上邦訳、二六二ページ）

2. ミンツバーグによる経営管理者育成論の展開

ミンツバーグの基本的立場

ドラッカーの経営管理者論、さらに経営管理者育成論を引き継ぎ、これを具体的に展開しているのはヘンリー・ミンツバーグです。

ミンツバーグの経営管理者育成についての考え方は、すでに講義Ⅱ「マネジメントの本質」のなかで、「ミンツバーグのＭＢＡ批判」としてその基本を紹介しています。ここではこれをもう少し立ち入って具体的に紹介しておきます。今日ミンツバーグの考え方は、多分ドラッカーの立場をもっとも正確に継承、展開しているとみられます。

彼は、著書『ＭＢＡが会社を滅ぼす』（二〇〇四年）の中で、「マネジメントは実践である」、「マネジメントはサイエンスではない」という、ドラッカーを引き継いだ主張を明解に展開しています。その中で、とくにマネジメントはアート、クラフト、サイエンスの三要素から成り立つという考えを示しています。

ミンツバーグはドラッカーと同様に、「マネジメントは実践である」という考え方に立って、独特のマネジメント教育論を展開します。ミンツバーグは彼の基本的な立場を次のように述べています。

「今日の『マネジメント』教育の問題点は、それが実際にはビジネス教育と化しており、マネジメントのイメージを歪めていることだ。マネジメントとは本来、『クラフト（＝経験）』『アート（＝直観）』『サイエンス（＝分析）』の三つを適度にブレンドしたものでなくてはならない。サイエンスに偏りすぎたマネジメント教育は、官僚的な『計算型』のマネジメントスタイルを育みがちだ。一方、ビジネススクールで教育を受けた人間がアーティスト気取りでいると、『ヒーロー型』のマネジメントをおこなう傾向がある。」（Mintzberg, 2004：邦訳、二〇〇六年、一二ページ）

しかし、必要なのはバランス感覚のある献身的な人材、つまり「関与型」のマネジメントをおこなえる人材です。そこで、「そのようなマネジャーを育てるためには、マネジメント教育のあり方を変えなくてはならない。目指すべきは、現役のマネジャーが自分自身の経験から学ぶことを助ける『関与型』の教育だ。マネジメントのクラフトとアートをきちんと教えることにより、マネジメントにこの二つの要素を取り戻すのである」（同上邦訳、一二ページ）と述べています。

ここに表明されているマネジメント教育のあり方は、講義Ⅱで紹介したドラッカーのマネジメント教育の考え方とほぼ同じであることが理解されるでしょう。ドラッカーは、自分の経験から、米国都市部の大学の夜間コースのように就業時間外に開いているセミナーや、一～二週間のコースを断続的に繰り返し、学習したことを直ちに応用できるものに効果的なものがあるとし、マネジメント教育はあくまでも行動志向でなければならないと説いていますが、これはまさにミンツバーグが「関与型」の教育と説いたものと瓜二つです。

ミンツバーグ『ＭＢＡが会社を滅ぼす』邦訳（池村千秋訳、2006年、日経ＢＰ社刊）の表紙

「関与型」マネジメントの実現(Mintzberg, 2004：邦訳、第9章を参照)

ミンツバーグは自ら薦めるマネジメント教育のエッセンスを『関与型』マネジメント」という概念で示しています。それは、官僚的な「計算型」のマネジメントや、ビジネススクールが育てる「ヒーロー型」のマネジメントのいずれでもない、新しいマネジメントスタイルです。

ミンツバーグは「関与型」マネジャーの特徴を以下のような象徴的な言葉で表現しています(Mintzberg, 2004：邦訳、三四七～三五〇ページ)。

・オフィスで部下と触れ合い、専用のオフィスにあまり引きこもらない。自分が話すより、他人の話に耳を傾ける。部下に権限を委譲するのではなく、部下のやる気を喚起し、管理するのではなく、協力する。
・資源(人的資源を含む)を組織内で分配することではなく、スタッフ同士の絆を強めることを自分の役割と考える。
・おおむね、治療(キュア)よりも世話(ケア)を好む。
・ピラミッド型組織の頂点に君臨するのではなく、ネットワーク型組織のあちこちに顔を出す。
・人々がもともと持っているポジティブなエネルギーを引き出そうとする。
・「関与型」マネジャーの信条は、「みんなで夢を見て、みんなで行動する」というものである。

ミンツバーグは、このような「関与型」マネジメントをバックアップするマネジメント教育方法として、次のような八つの定石をラインアップしています。

定石1「マネジメント教育の対象は、現役マネジャーに限定すべきである。」
定石2「教室では、マネジャーの経験を活用すべきである。」
定石3「優れた理論は、マネジャーが自分の経験を理解するのに役立つ。」
定石4「理論に照らして経験をじっくり振り返ることが学習の中核をなす。」
定石5「コンピテンシーの共有は、マネジャーの仕事への意識を高める。」
定石6「教室での省察だけでなく、組織に対する影響からも学ぶべきである。」
定石7「以上のすべてを経験に基づく省察のプロセスに織り込むべきである。」
定石8「カリキュラムの設計、指導は、柔軟なファシリテーション型に変える。」

3. マネジメントの責任(結論)

企業と社会

『現代の経営』は「マネジメントの責任」を論ずることで結びとなっています。

ドラッカーは結論を述べるに当たり、改めて現代社会における企業というものの存在に立ち返ります。

まずドラッカーが注目するのは、社会と企業の関係についてです。ドラッカーは、「社会は、企業にとって単なる環境ではない。あらゆる企業のうち最も私的なものであっても、社会の機関であり、社会的な機能を果たしている」と述べています。しかも近代企業の本質が、それまでの企業人に対するものとは性格も規模もまったく異なる責任を経営管理者に課している、といいます(Drucker, 1954：邦訳・下、二六四ページ)。

今日の産業は以下のような理由により、われわれがかつて知っていたものとはまったく異なる種類の組織を必要とするようになりました。

生産活動と意思決定が長期化し、人の寿命を超えるようになった。

資源としての人と物質を永続的な存在としての組織にまとめなければならなくなった。

人的資源と物的資源を大きな集合体にまとめなければならなくなった。

このような永続的な資源の集合体たる組織の方向付けを託された経営管理者は、経済、社会、人々の生活を長期にわたって規定する力をもつようになるということです。

このことは、経営管理者(マネジメント)にかつて社会に存在しなかった権限と責任を与えることになりました。ドラッカーはこのことを以下のように述べています。

「歴史的に見るならば、社会は常に、そのような永続的な力の集中、少なくとも私人のもとへの集中、特に経済的な目的による集中を拒否し続けてきた。しかし、この力の集中、すなわち近代産業の存在なくしては、産業社会そのものが存立しえない。かくして社会は、最も容認しがたいものを企業に与えることになった。第一は、永久とまではいかなくても永続的な免許を『法人』としての企業に与えた。第二に、企業のニーズが要求する範囲内において、経営管理者に権限を与えた。」(同上邦訳、二六五ページ)

「しかしこのことは、企業とその経営管理者に対し、私有財産に伴う伝統的な責任をはるかに超える、まったく異質の新しい責任を課すことにもなった。企業と経営管理者に課された責任は、もはや私有財産の所有者の私益は公益に資するとか、私益と公益は分離しておくことができ互いに何の関わりもないと見ることができる、などといった前提に立って果たすことはできない。それどころか、いまや経営管理者は、公益に責任をもつべきこと、自らの行動を倫理的基準に従わせるべきこと、そして、公共の福祉や個人の自由を害する可能性があるときには、自らの私益と権限に制約を加えるべきことを要求されている。」(同上邦訳、二六五ページ)

「いまやマネジメントのあらゆる行動が、社会的責任に根差したものであることが必要である、基本的に、この社会的責任こそがマネジメントの倫理である、ということです」(同上邦訳、二六六ページ)。

マネジメントの社会的責任

さらにドラッカーは、マネジメントの社会的責任について論を進めます。

この点でドラッカーは一つの重要な警告を提示します。それは、「社会のリーダー的存在としてのマネジメントの社会的責任は、マネジメントが正当に権限を要求できる分野に限られる」ということです。ドラッカーは「ある階層が自らのものではない責任を引き受けることほど破壊的なことはない。越権的に責任を引き受けることほど危険なものはない」といっています。そして今日、実際に企業のマネジメントは「存在する責任を回避するとともに、存在もせず存在させてはならない責任を引き受けている」傾向があるといっています(以上、Drucker, 1954：邦訳・下、二七五ページ)。もってはいない権限、またもってはならない権限を誤ってもつことのないようにする必要があると、ドラッカーは警告しています。

その上でドラッカーは、最も重要な結論は、社会のリーダー的存在としてのマネジメントの社会的責任とは、「公共の利益をもって企業の利益にする」ということであるといいます。

「マネジメントは公共の利益に無関心でいることはできない。しかも、自らの利益を公益に従属させるだけでは十分ではない。まさに公益を自らの利益とすることによって、公益と私益の調和を実現しなければならない。」(同上邦訳、二七七ページ)

講義Ⅷ

「企業のみならず、あらゆる組織がマネジメントを必要としている。」

――『現代の経営』から『マネジメント』へ：「断絶の時代」の到来とマネジメントの新しい役割

「(『現代の経営』刊行直後の)マネジメント・ブームは、企業のマネジメント・ブームだった。また、マネジメントに関する過去の研究も、ほとんどが企業のマネジメントについてのものだった。しかし今日われわれは、企業のみならずあらゆる組織がマネジメントを必要としていることを知っている。そのような考えは、わずか数年前には異端とされていた。企業のマネジメントと病院のような公的サービス機関のマネジメントは大違いとされていた。事実、それぞれのミッションは大きく異なる。……ところが実は、公的サービス機関のマネジメントがなすべきことの基本は、企業のマネジメントがなすべきことの基本と何ら変わらない。本業で成果をあげることであり、生産的な仕事によって働く人たちが成果をあげるようにすることであり、自らの事業によるインパクトを処理しつつ、社会的な貢献を行うことである。これらこそマネジメントの役割である。」(以上、Drucker, 1973：邦訳・上、三四～三五ページ)

はじめに

問題の趣旨

一九五四年に刊行されたドラッカーの『現代の経営（マネジメントの実践）』はマネジメントの存在意義を社会的に確立させ、ドラッカーはこの書によって「マネジメントを発明した男」との評価を打ち立てました。

ドラッカーはさらに二〇年後、一九七三年に『マネジメント：課題、責任、実践』を刊行しました。

これら二つの著作はドラッカーのマネジメント研究を代表する二大著作ですが、二つの著作の間に横たわる約二〇年間にドラッカーのマネジメントの実践学がどのように進化したのでしょうか。本章の問題関心はこの点にあります。

このような関心で二つの著作を検討した例はそんなに多くはありません。ドラッカーの著作活動は、一九三九年の『経済人の終わり』から二〇〇五年一一月永眠するまで、七五年に及びましたが、この間におけるドラッカー自身の思考の進化を追うという問題意識は、必ずしも普通ではないようです。彼の長年の著作活動の成果である五〇冊に及ぶ著作の中に盛られたさまざまな教訓や警鐘は、その必要に応じて摘出され、活用されることが多くみられます。それだけ彼の残した言葉の一つひとつはどの時点のものであっても時代を超えて私たち後世のものの心に響き、共有できるものが多いということでしょう。

しかし、ドラッカーの場合にも、著作の構成、内容は時代とともに変化し、進化していった側面があることは当然です。筆者は、予てからドラッカーのこの点に関心をもってきました。

その点で最も関心が深いものの一つは、『現代の経営』から『マネジメント』への、ドラッカーのマネジメント認識の進化です。

この点についての考察はそれほど例が多くはありませんが、一九七三年『マネジメント』刊行直後に出された最初の邦訳(一九七四年、ダイヤモンド社)の「監訳者あとがき」(村上恒夫が訳者を代表して執筆)がそのはじめでしょう。

村上恒夫さんによる最初の邦訳の「監訳者あとがき」は、(1)企業と政府、(2)企業と社会、(3)企業と個人という三つの切り口から、『現代の経営』と『マネジメント』の執筆構成を比較検討しつつ、二つの著作の間の内容変化、充実を摘出しています。

その内容の詳細はここでは一々は触れませんが、残念ながらそれは『現代の経営』の構成、内容を踏まえた、ドラッカーのマネジメントについての認識進化の体系的な分析とはなっていないように思います。今から見れば貴重な論考ですが、この問題は改めて検討してみる必要があると感じます。

最近では、ドラッカー学会の代表を務める三浦一郎さんが学会年報『文明とマネジメント』第七号・二〇一二年版に掲載された「技術官僚批判の意味するもの――『現代の経営』から『マネジメント』へ」で筆者と問題関心を共通にする論議を展開しています。三浦さんの論文は、以下の私の論議展開で参考とするところが多くありました。

検討の視点

『現代の経営』と『マネジメント』を比較してみると、またさらに『マネジメント』後のドラッカー

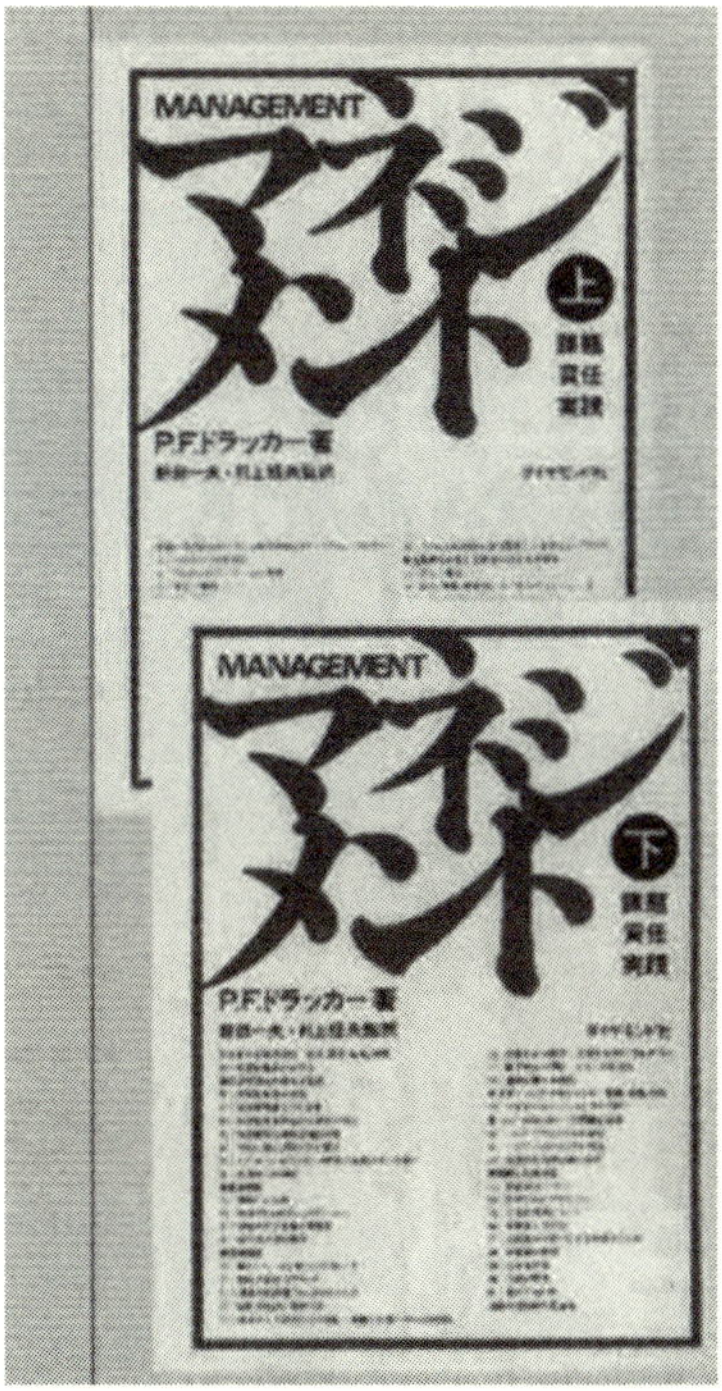

ドラッカー『マネジメント』邦訳(風間禎三郎ほか訳、1974年、ダイヤモンド社刊)の表紙

のマネジメント学の展開を視野に入れてみると、ドラッカーの進化について次のような三つの側面を見出すことができます。

(1)すでにあった叙述が増強された部分

(2)新規に導入されたもの、ないし『現代の経営』にも叙述はあったが、新規に近いほど抜本的に増強された部分(以下合わせて、「新規に導入された部分」という)

その典型的な部分は以下のようなものです――

・公的サービス機関のマネジメント

・経営戦略のマネジメント

・マネジメントの社会的責任

(3)『マネジメント』後のドラッカーのマネジメント学の展開を視野に入れてみると、十分に展開されていないもの

・イノベーションの役割とマネジメント

(1)すでにあった叙述が増強された部分、についていえば、程度はさまざまであり一いちを問題とすることはあまりにも煩雑すぎます。本章ではこの部分のことは問題としないことにします。

また(3)については、次の講義Ⅸで改めて取り上げます。

本章では主として(2)について問題とします。

1.『断絶の時代』（一九六九年）で示された現実認識の転換

『現代の経営』から『マネジメント』へ、ドラッカーのマネジメントについての認識は大きく進化していったとみられます。このようなマネジメント認識進化の背景となったのは、一九六九年刊行の『断絶の時代』での現実認識の転換でした。『断絶の時代』に体現された新しい産業社会の到来についての認識は、ドラッカーのマネジメント認識の進化に大きな役割を果たしました。

第二次大戦後の世界は、とくに先進諸国では、一九五〇年代後半から六〇年代に入ると、戦後復興を遂げ、新しい経済成長の時代を迎えていました。戦後の技術革新と新産業の隆盛がそれを支え、この勢いは景気変動を伴いつつも、二一世紀に繋がる趨勢のようにみえました。しかし他方では、米ソ冷戦の下で資本主義と社会主義の

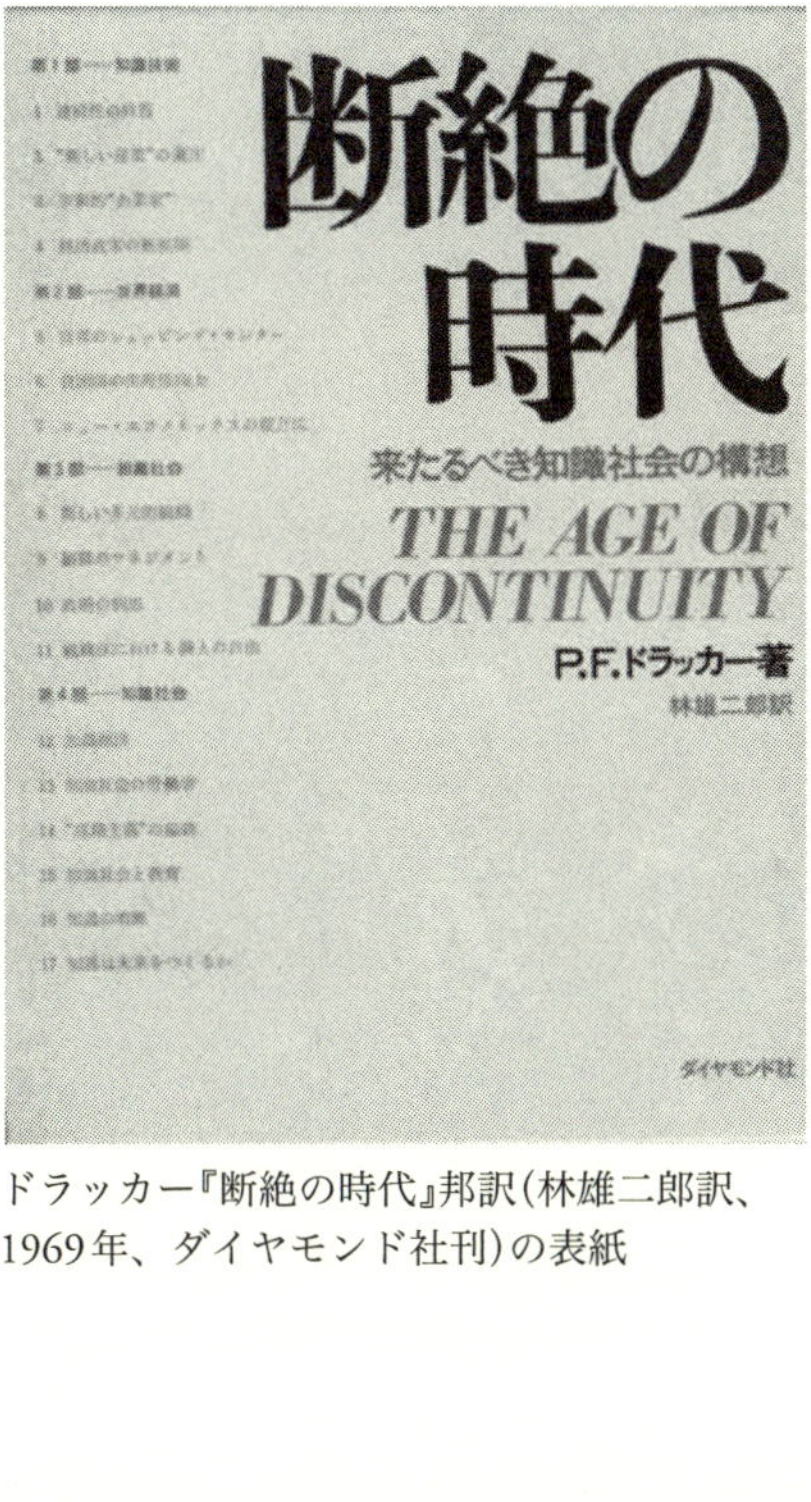

ドラッカー『断絶の時代』邦訳（林雄二郎訳、1969年、ダイヤモンド社刊）の表紙

優位性争いが熾烈に展開され、人々の関心は両体制の行方に集まっていました。

この時代の最中に、ドラッカーは、一九六九年『断絶の時代』を刊行して、時代の「断絶」を説き、資本主義、社会主義を超える新しい産業社会の到来を世に示しました。

この時ドラッカーが認識した「断絶」は、四つの分野にわたりました。これを要約すれば以下のようです。

第一．イノベーションと「企業家の時代」の到来。新技術、新産業が生まれ、今日の重要産業や大事業が陳腐化する。「継続の時代」の終焉。

第二．世界経済が変わる。すでに世界経済はグローバル経済になっている。「グローバル化の時代」の到来。

第三．社会と政治が変わる。いずれも多元化する。「多元社会の時代」「組織社会の時代」の到来。

第四．最も重要なこととして、知識の性格が変わる。すでに知識は、中心的な資本、費用、資源を意味するようになった。「知識の時代」の到来。

2．公的サービス機関のマネジメント——マネジメント認識の進化・その1

「マネジメントの役割」に関する認識の進化

『断絶の時代』に集約された、『現代の経営』以降の、一九六〇年代の現実変化は、マネジメントの機能についての認識を大きく進化させ、それが以下にみるような、『現代の経営』から『マネジメント』への、マネジメントの認識の進化を生み出しました。

第一のマネジメント認識の進化は、マネジメントの役割そのものについてでした。その背景にあったのは、「多元化の時代」「組織社会の時代」の到来という認識であり、それは、「公的サービス機関のマネジメント」についての新しい認識を登場させました。

『現代の経営』でのマネジメント認識と歴史的な制約

『現代の経営』は、まず著作のテーマである「マネジメント」を定義し、その社会的、歴史的意味を問うことから始まっています。

『現代の経営』はマネジメントの機能について次のように述べます。

「企業のマネジメントは、内外への影響を考慮に入れつつも、常に経済的な成果を第一に考える。それゆえに、事業のマネジメントの基本的な定義は、経済的な機関、まさに産業社会における際だって経済的な機関である。」(Drucker, 1954：邦訳・上、九ページ)

ここで注目されるのは、『現代の経営』がマネジメントの機能の適用範囲を限定していることです。『現代の経営』は企業のマネジメントに関わる技能、能力、経験を事業体のマネジメント以外に適用することを次のように抑制しています。

「この命題は、マネジメントと経営管理者に対し、活動範囲を著しく限定するとともに、創造的な活動への大きな責任を課す。この命題が導く当然の結論は、事業のマネジメントに関わる技能、能力、経験は、そのままでは事業体以外の機関の組織化や運営には適用できないということである。」（同上邦訳、九ページ）

この点は、一九五四年に著わされた『現代の経営』のもつ時代的制約を端的に表していることで重要です。

『マネジメント』（一九七三年）でのマネジメント認識

一九七三年の『マネジメント』になると、その間の時代状況の変化を背景にこの点は大きく転換します。『マネジメント』はその冒頭を「マネジメントの登場」と題して、次のように述べています。

「いまや、あらゆる先進社会が組織社会になった。経済、医療、教育、環境、研究、国防など主な社会課題はすべて、マネジメントによって運営される永続的な存在としての組織の手にゆだねられた。」（(Drucker, 1973：邦訳・上、二ページ)

「われわれは一つのことを知っている。すなわちマネジメントが、企業、政府機関、大学、研究所、病院、軍などの組織のための機関だということである。組織が機能するには、マネジメントが成果を上げなければならない。」（同上邦訳、四～五ページ）

ここにみられるのは、『現代の経営』にみられるのとは大きく異なる状況認識です。この間の事情をドラッカー自身が次のように述べています。

「（『現代の経営』刊行直後の）マネジメント・ブームは、企業のマネジメント・ブームだった。また、マネジメントに関する過去の研究も、ほとんどが企業のマネジメントについてのものだった。しかし今日われわれは、企業のみならずあらゆる組織がマネジメントを必要としていることを知っている。そのような考えは、わずか数年前には異端とされていた。企業のマネジメントと病院のような公的サービス機関のマネジメントは大違いとされていた。事実、それぞれのミッションは大きく異なる。……ところが実は、公的サービス機関のマネジメントがなすべきことの基本は、企業のマネジメントがなすべきことの基本と何ら変わらない。本業で成果をあげることであり、生産的な仕事によって働く人たちが成果をあげるようにすることであり、自らの事業によるインパクトを処理しつつ、社会的な貢献を行うことである。これらこそマネジメントの役割である。」（以上、Drucker, 1973：邦訳・上、三四～三五ページ）

『現代の経営』では言及されることがなかった「公的サービス機関のマネジメント」が、『マネジメント』では大きく取り上げられ、第一一章から第一四章までの四章を費やして「公的サービス機関の成果」を論じています。

多元社会の到来（第11章）

『マネジメント』で公的サービス機関のマネジメントが大きく取り上げられることになった背景は、『断絶の時代』が明らかにしている「多元社会」の到来であり、「組織社会」の到来です。「この一〇〇年、政府機関、病院、学校、大学、軍、職種別団体などの公的サービス機関は企業よりも急速に成長してきた。」そしてそれらのものが現代社会の成長分野になった。また、企業の中でも、サービス部門が現業部門よりも急速に成長してきたということです。

『マネジメント』での公的サービス機関のマネジメントに対するドラッカーの関心は、ひとことでいえば、「公的サービス機関はその成長ぶりに伴うだけの成果を上げていない」ということであり、その原因は何か、それらのものが成果を上げるために必要なものはなにか、ということです。

たとえばドラッカーは、「あらゆるレベルの学校が抜本的な改革を必要としている」(Drucker, 1969：邦訳、一七〇ページ)といいます。そして、必要なことは学校をなくすことではなく、学校をマネジメントされた、機能する教育機関にするにはどうするか、ということであるといいます。

公的サービス機関の不振の原因(第12章)

ドラッカーは、公的サービス機関の不振の原因としてよく挙げられるのは次の三つであるといいます。

第一に、企業のようにマネジメントされていない。

第二に、人材がいない。

第三に、目的や成果が具体的ではない。

しかし、ドラッカーはこれらには組しません。

公的サービス機関不振の最大の原因は、これが「企業のようにマネジメントされていない」ことではなく、これを「企業のようにマネジメントしようとする」ことそのものであるというのがドラッカーの考え方です。これについてドラッカーは、「公的サービス機関において、企業のようにマネジメントせよということは、単にコストを管理することを意味するにすぎない。企業を企業たらしめているものは、それが効率中心ではなく成果中心であるところにある。しかるに公的サービス機関に欠けているものは、成果であって効率ではない。効率によって成果を手に入れることはできない。」(Drucker, 1969：邦訳・上、一七五ページ)といいます。

肝要なのは「コスト」、「効率」ではなく、「成果」に目をむけることである、というのがドラッカーうことが大切なのです。公的サービス機関が学ぶべきはその点で、その点でこそ企業にいかに学ぶかという考え方です。

公的サービス機関の成功の条件（第14章）

それでは、公的サービス機関の成功はいかにして可能になるでしょうか。

『マネジメント』第一四章「公的サービス機関の成功の条件」は、あらゆる公的サービス機関が自らに課すべき六つの規律を以下のように整理しています（Drucker, 1973：邦訳・上、二〇〇〜二〇一ページ）。

第一に、「事業は何か、何であるべきか」を定義する。

第二に、その事業の定義にしたがい、明確な目標を設定する。

第三に、活動の優先順位を検討し、活動領域を定め、成果の基準すなわち最低限必要な成果を規定し、期限を設定し、担当者を明らかにし、成果を上げるべく仕事をする。

第四に、成果の尺度を定める。

第五に、それらの尺度を用いて、自らの成果についてフィードバックを行う。成果による自己管理を確立する。

第六に、目標と成果を照合する。目的に合致しなくなった目標や、実現不可能であることが明らかになった目標を識別する。不十分な成果や非生産的な活動を識別する。不十分な成果に資金とエネルギーを投入することがないよう、非生産的な活動を廃棄するシステムをつくり上げる。

ドラッカーは、このうち最も重要なのは第六のステップであるとしています。その上で次のように述べています。

「企業には、非生産的な活動を廃棄しなければ倒産するというメカニズムがある。市場による競争のない公的サービス機関には、このメカニズムが欠如している。したがって、公的サービス機関において成果のない活動を廃棄することは、苦しくはあっても最も求められている意思決定というべきである。」(Drucker, 1973：邦訳・上、二〇一ページ)

こうして、公的サービス機関が成功するために、つまり成果を上げるために求められていることは、大きくまとめれば、結局、次の二点であるということになります。

第一に、当該組織の「事業の定義」を徹底して検討し、あげるべき組織の成果の目標を明確にすることである。

第二に、この目標に照らして成果を検証することである。

つまり、一般にいわれるPLAN→DO→CHECK→ACTIONのサイクル(ＰＤＣＡサイクル)を実現することです。この点は、企業にも公的サービス機関にも共通する成果実現の原理なのです。

『創造する経営者』（一九六四年）での「事業戦略」論

『断絶の時代』に集約された、『現代の経営』以降、一九六〇年代の現実の変化は、マネジメントの認識を大きく進化させ、『現代の経営』から『マネジメント』への、マネジメント認識の大きな発展を生み出しましたが、第二のマネジメント認識の進化は、トップマネジメントが事業を現実的に展開するための「戦略」、つまり「事業戦略」についての認識の進化でした。

この点については、『現代の経営』刊行後一〇年、一九六四年に出された『創造する経営者』の役割が合わせて念頭におかれなければなりません。

『創造する経営者』は、『現代の経営』から『マネジメント』に至るドラッカーの著作の中で、一九六九年の『断絶の時代』がその間の社会・経済状況の変動を集約した著作であったとすれば、『創造する経営者』はとくに企業におけるマネジメントの役割が大きく高まるなかで、トップマネジメントの役割として事業戦略の展開の課題に焦点を当てて、その課題を体系的に明らかにしようとした画期的な著作でした。ドラッカー自身、同書の「まえがき」の冒頭で、「本書は、今日『事業戦略』と呼ばれているものについての世界で最初の本である」と述べ、さらに「私自身の最初の書名案が『事業戦略』だった」と述べています。

この著作でドラッカーは、『現代の経営』では第Ⅰ部「事業のマネジメント」として扱われていた事業に関するマネジメントの進め方をきわめて実践的に単著として展開しました。

同書は、次のような三つの部分から成っています。

第Ⅰ部「事業の何たるかを理解する」

第Ⅱ部「機会に焦点を合わせる」

第Ⅲ部「事業の業績をあげる」

同書「まえがき」の説明にしたがってその内容をごく簡単に紹介すると、第Ⅰ部では、第1章での企業の現実、一般に見られる企業の状況理解を前提として、引き続く諸章では企業が成果を上げるべき領域について分析し、それらの領域と資源や業績との関係、機会や期待との関係が明らかにされています。さらに、個々の企業とその活動について、コストの流れと構造が分析され、また成果や資源が存在している外部世界からみた企業について明らかにされています。

第Ⅱ部では、機会に焦点を合わせ、意思決定について論じています。具体的に企業の三つの種類の活動に関して、それぞれの機会とニーズが明らかにされています。

第Ⅲ部では、洞察と意思決定を成果に結びつける方法について論じています。

このような内容編成からわかるように、同書は『現代の経営』との関係では、その第Ⅰ部「事業のマネジメント」の直接の延長上にあり、それを実践的、具体的に展開したものといえます。

『マネジメント』(一九七三年)での「事業戦略」論

『マネジメント』に至ると、ドラッカーの事業戦略の論じ方は右のような『創造する経営者』の論じ方とまったく違った角度から展開されることになっています。

『マネジメント』での事業戦略論は第Ⅲ部「マネジメントの戦略」、第五三章から第六一章、『マネジメント』の最後の部分で、一六五ページ(原著)を割いて取り上げられています。それはすでに一冊の事業戦略論の単著に相当する分量です。

その内容は、次のような課題別の事業戦略の大きく五つの部分から成っています。

・規模のマネジメント：第五三、五四、五五章
・多角化のマネジメント：第五六、五七、五八章
・グローバル化のマネジメント：第五九章
・成長のマネジメント：第六〇章
・イノベーションのマネジメント：第六一章

これらの章の配列をみて気づくのは、『創造する経営者』の場合と違って、事業戦略が個別課題に沿って具体的に論じられていることです。こうして、『創造する経営者』では事業戦略がその推進手法の観点から論じられていたのに対して、それを基礎に『マネジメント』ではさらに当面する企業の主要な個別事業戦略課題について論じられているのが特徴的です。

ここで注目されることは、これまで『現代の経営』ではマネジメントの二つの基本機能とされながらも、マーケティングに対してまとめて言及されることがなかったイノベーションのマネジメントがまとまった形で論じられていることです。その点はドラッカーのマネジメント論の大きな発展でした。

しかし、「マーケティングだけでは企業は成立しない。静的な経済のなかでは企業は存在しない。」「企業とは、成長、拡大、変化のための機関である」(Drucker, 1954：邦訳・上、五〇ページ)といい、そのための起業的機能がイノベーションであるといってきたドラッカーの考え方からすれば、イノベーションの取り扱いはまだ十分なものとはいえないものです。この課題は、『マネジメント』を超えてさらに一九八五年の『イノベーションと企業家精神』に引き継がれていくことになります。

4. マネジメントの社会的責任に関する考察――マネジメント認識の進化・その3

『企業とは何か』、『現代の経営』におけるマネジメントの社会的責任論

『現代の経営』から『マネジメント』への、第三のマネジメント認識の進化は、マネジメントが負う社会的責任についてでした。

マネジメントの社会的責任については、ドラッカーはいち早く一九四六年の『企業とは何か』において明確にその意義を認識していました。『企業とは何か』では、第Ⅳ部「産業社会の存在としての企業」第10章「企業の存続と社会の利益」の中で、「社会の要求を満たすべき組織」、「社会と企業は同一の利害を有する」などのテーマでマネジメントの社会的責任が論じられています。

ドラッカーはこの点について、「いずれにせよ企業とは、社会のための道具であり、社会のための組織である。したがって、社会は企業に対し、その存在理由である経済的機能を果たすことを要求しなければならない。これこそ企業に対する絶対の要求である。企業が存続し機能する上で必要とする絶対の要求と並ぶ絶対の要求である」(Drucker, 1946：邦訳、一九六ページ)と述べています。

こうしてドラッカーは、『企業とは何か』刊行の早い時期から、企業と社会は企業の経営の健全性について共通の利害を有するという考えを重要な前提として企業のあり方を論じてきていました。

さらに『現代の経営』では、最終章・結論「マネジメントの責任」で「企業と社会」、「マネジメントの社会的責任」の問題が取り上げられ、「社会は、企業にとって単なる環境ではない。あらゆる企業のうち最も私的なものであっても、社会の機関であり、社会的な機能を果たしている」と論じています(Drucker, 1954：邦訳・下、二六四ページ)

『現代の経営』から『マネジメント』へ

このマネジメントの社会的責任の問題が、『マネジメント』では、第Ⅰ部「マネジメントの役割」第二四章から第二八章まで、「社会に与えるインパクトの処理と社会への貢献」と題して括られた約六〇ページ（原著）にわたって論じられています。『マネジメント』においても、ドラッカーの、マネジメントの社会的責任についての基本的な立場は変わっていません。

『マネジメント』におけるドラッカーの、マネジメントの社会的責任論の特徴は、一つはこの問題を新たな事業機会を創造するという課題と結び付けようとしていることです。もう一つは、マネジメントの社会的責任の限界が強く意識された論議が展開されていることです。

社会に与えるインパクトの処理と社会への貢献（第25章）――「社会的イノベーション」の提案

ドラッカーは『マネジメント』第二五章で、マネジメントの社会的責任が生ずる二つの領域を区別し、それぞれへの対応を具体的に論じています。

「社会的責任の問題は、……二つの領域で生ずる。第一に、自らの活動が社会に与えるインパクトから生ずる。第二に、自らの活動とは関わりなく社会自体の問題として生ずる。……この二つの社会的責任は、まったく違う性格のものである。前者は組織に対して行ったことに関わる責任であり、後者は組織が社会のために行えることに関わる責任である。」(Drucker, 1973：邦訳・上、三六九ページ)

その上で、まず第一の領域については、次のように述べます。

「故意であろうとなかろうと、自らが社会に与えるインパクトについては責任がある。これが第一の原則である。」(同上邦訳、三七一ページ)

したがって、マネジメントにとって第一の仕事は、冷静かつ現実的に自らが社会に及ぼすインパクトを予期することです(同上邦訳、三七四ページ)。この際、インパクトの原因となっている活動を継続して行いつつ、そこから生ずるインパクトの原因となっている活動そのものを中止して影響をなくすことができるならば、それが最善の答えとなります。だがほとんどの場合、活動を中止することはできません。したがって、インパクトを除去するために、体系的な取り組みが必要となります。ここにおいて理想とすべきアプローチは、「インパクトの除去をそのまま収益事業とすることである」(同上邦訳、三八二ページ)とドラッカーはいいます。

「インパクトを事業上の機会にすることが理想である。不可能ならば、最適のトレードオフをもたらす規制案をつくり、公共の場における論議を促進し、最善の規制が実現するよう働きかけることが、マネジメントの責任である。」(同上邦訳、三八六ページ)

第二の領域については、これをマネジメントに対する挑戦として受け止め、さらに積極的に事業上の機会として活用することを提案しています。

「社会に存在する諸々の問題は、社会の機能不全であり、社会を退化させる病である。しかし、それは組織、特に企業のマネジメントにとっては挑戦である。機会の源泉である。社会の問題の解決を事業上の機会に転換することによって自らの利益とすることこそ企業の機能であり、企業以外の組織の機能である。」(同上邦訳、三八六ページ)

この課題は、今日、新しいイノベーションの形、「ソーシャル・イノベーション」の問題として社会の注目を浴びているところです。しかしドラッカーは、すでに『マネジメント』の段階で、このことを社会的に提起していたことは記憶にとどめられなければなりません。

「社会の問題を事業上の機会に転換するための最大の機会は、新技術、新製品、新サービスではなく、社会の問題の解決すなわち社会的イノベーションにある。」(同上邦訳、三八六～三八七ページ)

「組織社会においては、あらゆる組織が技術の研究開発だけではなく、社会の研究開発に取り組まなければならない。社会とコミュニティの問題を識別し、それらの解決を事業機会とするためのイノベーションを行わなければならない。」(同上邦訳、三九〇ページ)

社会的責任の限界(第26章)

『マネジメント』におけるドラッカーの、マネジメントの社会的責任論のもう一つの特徴は、「社会的責任の限界」についての論議です。

ドラッカーはこの論議を展開する際、企業の経済的能力との関係だけではなく、企業が社会的に負いうる権限というレベルから説いていることが大きな特徴です。

ドラッカーはまず企業の本業との関係を問います。

いかなる組織といえども、本来の機能の遂行こそ最大の責任である。この責任を果たせないならば、他のいかなる責任も果たせない。社会的責任の最大の限界は、マネジメントが仕える組織の本業における成果に支障をきたすことである、とドラッカーはいいます。そして、「マネジメントたる者は、本業における責任との関連において、果たすべき社会的責任の限界を考えなければならない。」「経済的な能力をわきまえずに、負担しきれない社会的責任を果たそうとするならば、直ちに問題を生ずる」(同上邦訳、三九四~三九六ページ)、といっています。

しかし、社会的責任に関する最大の問題は、企業が社会に負いうる権限の問題であるといいます。

「社会的責任に関わる最も重要な限界は、権限の限界である。……権限をもつ者は責任を負う。逆に責任を負う者は権限を要求する。責任と権限はコインの両面である。したがって、社会的責

任を負うということは、社会的権限を要求することを意味する。」(同上邦訳、四〇一ページ)

「企業が責任を要求されたときは、必ずそれについて『権限をもっているか、もつべきか』を自問する必要がある。もし権限をもたず、またもつべきでないならば、責任を負うことの是非に疑いをもつべきである。」(同上邦訳、四〇二ページ)

ドラッカーの立場の基本は、正当ならざる権力の行使を求める社会的責任の要求を受け入れてはならない。自らの利益のためにも受け入れてはならない、ということです。それは、正当ならざる権力は権力ではないからです。それは、まさに社会的責任の名のもとに抵抗すべきであるというのがドラッカーの主張です。

「つまるところ、そのような要求は、社会的無責任の要求だからである。……社会的責任を要求されたならば、『われわれは権限をもつか、もつべきか』を考える必要がある。もし答えがノーならば、そのような要求は拒否するのが社会的責任である。」(同上邦訳、四〇六ページ)

最大の無責任とは、能力を超えた課題に取り組み、あるいは社会的責任の名のもとに自らに権限のないことを行い、それによって、自らの成果を上げる能力を損なうことである、とドラッカーはいっています(同上邦訳、四〇八ページ)。

講義Ⅸ

「イノベーションを行う組織こそが、これからの時代の主役である。」

――『現代の経営』から『イノベーションと企業家精神』へ…「断絶の時代」の到来と「イノベーションの発明」

「あらゆる兆しから見て、来るべき時代はイノベーションの時代、すなわち技術、社会、経済、制度が急速に変化する時代である。したがって、イノベーションを行う組織こそが、これからの時代において主役となる。」(Drucker, 1973：邦訳、下、二九六ページ)

はじめに

ドラッカーは「マネジメントの発明者」として知られます。第二次世界大戦後迎えた産業社会、組織社会で不可欠の要素であるマネジメントの実践に求められる体系的な知識をはじめて世に示し、「マネジメントの発明者」といわれるようになりました。

ところでドラッカーは、「マネジメントの発明」に引き続き、もう一つ、「イノベーションの発明者」でもありました。ドラッカーが「マネジメントの発明者」であったことについては、これまで多く語られてきました。しかし、ドラッカーがさらに「イノベーションの発明者」であったことについては、これまで論じられることがありませんでした。

ドラッカーがマネジメントを発明した書とされる『現代の経営』以降、世に出されたマネジメントの書は枚挙にいとまがありませんが、マネジメントにおけるイノベーションの役割について言及しなかった著書はありません。とりわけドラッカー自身は、マネジメントが機能を果たす上での二つの柱としてマーケティングとイノベーションを掲げました。彼のマネジメント論にとっては、イノベーションはマーケティングと並んで、要の課題でした。したがって、彼の数多いいずれの著書においても、マネジメントにおけるイノベーションの役割が熱く語られてきました。しかしドラッカー自身においても、イノベーションが「体系的」に語られることはありませんでした。

この課題がはじめて「体系的」に扱われたのは、一九八五年刊行の『イノベーションと企業家精神』でした。

もとより、それまでにも組織社会としての産業社会におけるイノベーションの働きについては、多くの論者が言及しました。その最初は、よく知られるようにジョセフ・シュンペーターの『経済発展の理論』(一九一二年)でした。

しかし、シュンペーターも含めて、それまでイノベーションの実践について、理論的、経験的な知識体系は世に提示されたことはありませんでした。その意味で、イノベーションは「発見(discover)」されていましたが、それは未だ「発明(invent)」されていなかったわけです。それは未だ、実践に具体的に役に立つ知識の体系として「発明」されていなかったのです。それは、マネジ

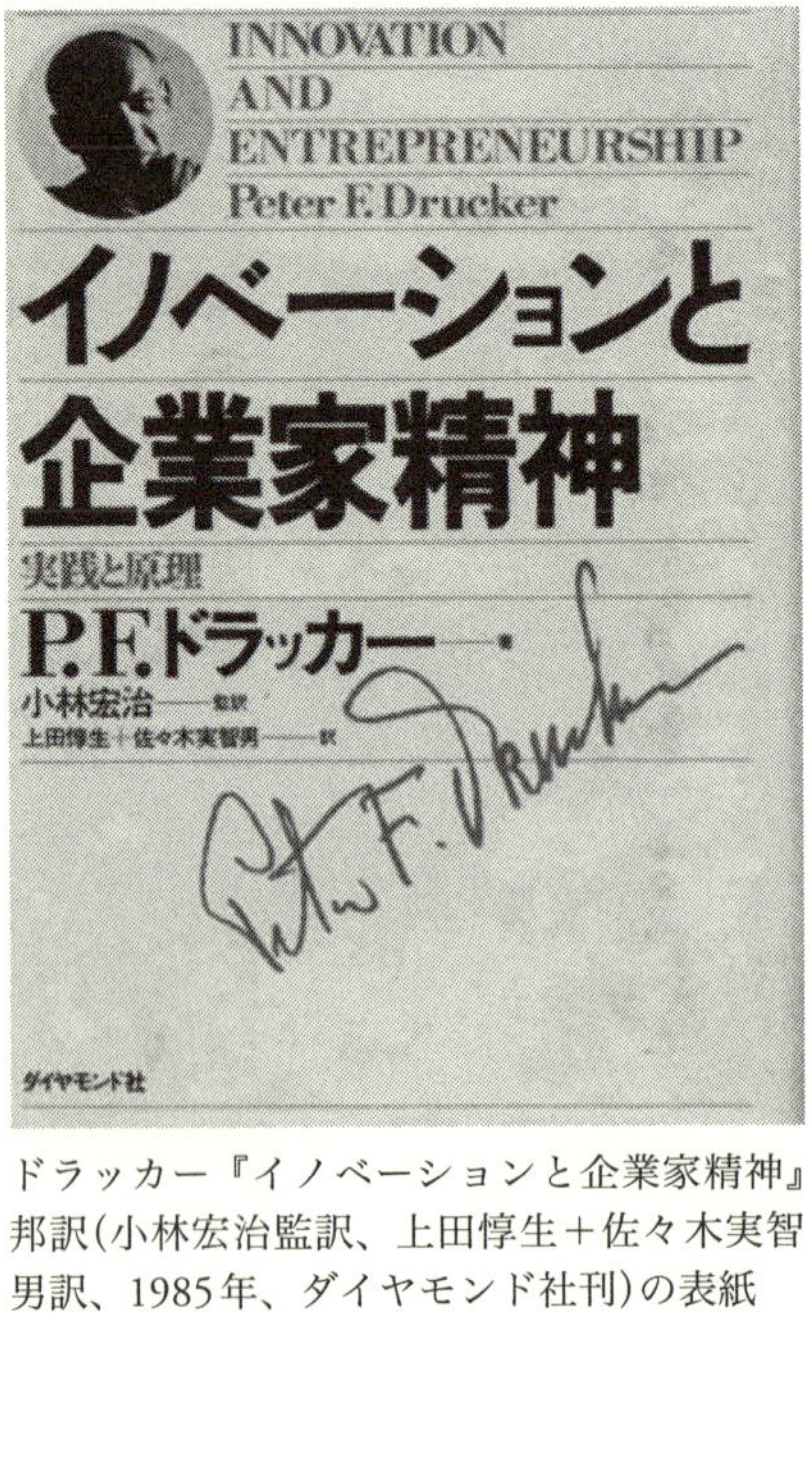

ドラッカー『イノベーションと企業家精神』邦訳(小林宏治監訳、上田惇生＋佐々木実智男訳、1985年、ダイヤモンド社刊)の表紙

メントについていえば、『現代の経営』以前の段階でした。

イノベーションついてこの新しい段階を切り開いたのが、一九八五年の『イノベーションと企業家精神』でした。それは、「マネジメントの発明」において『現代の経営』が占めたと同様の位置を「イノベーションの発明」において占めるものとなりました。

ここでは、この『現代の経営』から『イノベーションと企業家精神』に至る「イノベーションの発明」への道を、『現代の経営』の発展・進化の足取りとして辿ります。

1.『現代の経営』から『断絶の時代』、『マネジメント』へ――イノベーションの役割認識の進化

マネジメントの体系におけるキーコンセプトとしてのイノベーション

ドラッカーは、『現代の経営』を著して、現代産業社会の基礎にある経営者支配の「権力の正統性」を証明する「マネジメント機能」の実践的知識体系の確立を図りましたが、ドラッカーはこの「マネジメントの体系」の基点を、周知のように「企業の目的」を考えることから始めました（同上書、第五章）。そして、「企業の目的として有効な定義は一つしかない。すなわち、顧客の創造である」（Drucker,1954：邦訳・上、四六ページ）という有名な命題を打ち出しました。

その上で、ドラッカーは、「企業の目的が顧客の創造であることから、企業には二つの基本的な機能が存在する。すなわち、マーケッティングとイノベーションである」(同上邦訳・上、四七ページ)として、企業家機能の二大支柱を明確にしました。

まず、「マーケッティングは、企業に特有の機能である。財やサービスを市場で売ることが、企業を他のあらゆる人間組織から区別する」と述べます。そして「一九〇〇年以降のアメリカ経済の革命とは、マーケッティング革命だった」といいます(同上邦訳、四七、四八ページ)。

しかし、「マーケッティングだけでは企業は成立しない。静的な経済の中では企業は存在しえない。企業人さえ存在しない。」「企業は発展する経済において存在する。少なくとも変化が当然であり望ましいものとされる経済においてのみ存在しうる。企業とは、成長、拡大、変化のための機関である」(同上邦訳、五〇ページ)といいます。

したがって、「第二の企業家機能はイノベーションである。すなわち、より優れた、より経済的な財やサービスを創造することである。企業は、単に経済的な財やサービスを提供するだけでは十分ではない。より優れたものを創造し供給しなければならない。企業にとって、より大きなものに成長することは必ずしも必要ではない。しかし、常により優れたものに成長する必要はある」(同上邦訳、五〇ページ)と述べています。

こうして、イノベーションはマーケッティングと並ぶ、企業家機能の二大支柱とされています。しかし、実際に『現代の経営』では、定常状態の中での企業者機能、マネジメント機能の体系を示すことに基本がおかれており、「成長、拡大、変化のための機関」としての企業を創出する企業者機能、マネジメント機能については必ずしも正面におかれているわけではありません。

しかし、『現代の経営』は第七章「企業の目標」に「イノベーションにかかわる目標」なる項目を設け、ここでイノベーションにかかわるいくつかの重要な視点を述べています。

第一・「イノベーションに関わる目標設定の最大の問題は、影響度や重要度を評価測定することの難しさにある。」したがって、「イノベーションにかかわる目標は、マーケッティングにかかわる目標ほどには明確でもなければ、焦点もはっきりしない」ということである。

第二・「イノベーションには時間がかかる。今日リーダー的な地位にある企業の多くは、四半世紀以上も前の世代の活動によって今日の地位にある。」「したがって、イノベーションのかかわる活動とその成果を評価するための指標が必要となる。」

第三・「イノベーションの必要性を最も強調すべきは、技術変化が劇的でない事業においてである。」「技術変化が劇的でない事業ほど、組織全体が硬直化しやすい。それだけに、イノベーションに力を入れる必要がある。」(以上、同上邦訳、九二～九五ページ)

しかし、このような重要な指摘にもかかわらず、ここではイノベーションの実践について体系的な知識が提示されているわけではありません。

シュンペーターによる「イノベーションの発見」

イノベーションという企業家の営みが経済社会でもつ意義に最初に注意を喚起したのは、周知のように経済学者シュンペーターでした。シュンペーターは一九一二年に著した若き日の著書『経済発展の理論』のなかで、次のように述べて、イノベーション（ただしこの時、シュンペーターはこれを「新結合」（neuer Kombinationen）と呼んだ）の意義をあきらかにしました。

「生産をするということは、われわれの利用しうるいろいろな物や力を結合することである。生産物および生産方法の変更とは、これらの物や力の結合を変更することである。旧結合から漸次に小さな歩みを通じて連続的な適応によって新結合に到達できる限りにおいて、たしかに変化または場合によっては成長が存在するであろう。しかし、これは均衡的考察方法の力の及ばない新現象でもなければ、またわれわれの意味する発展でもない。以上の場合とは違って、新結合が非連続的にのみ現れることができ、また事実そのように現れる限り、発展に特有な現象が成立するのである。」（Schumpeter, 1912：邦訳・上、一八二ページ）

こうしてシュンペーターは、企業家による新結合が経済発展に果たす現実的な役割を強調しました。

シュンペーターは、この「新結合」、つまり私たちがいうイノベーションが周知のように五つの場合を含むとしました（同上邦訳、一八三ページ）。

第一．新しい財貨、すなわち消費者の間でまだ知られていない財貨、あるいは新しい品質の財貨の生産。

第二．新しい生産方法、すなわち当該産業部門において実際上未知な生産方法の導入。

第三．新しい販路の開拓、すなわち当該国の当該産業部門が従来参加していなかった市場の開拓。

第四．原料あるいは半製品の新しい供給源の獲得。

第五．新しい組織の出現。

ドラッカーは後に、『イノベーションと企業家精神』の序章で、このシュンペーターの果たした役割に触れ、「主な近代経済学者のうち、企業家とその経済に与える影響に取り組んだのはジョセフ・シュンペーターだけである」（Drucker, 1985：邦訳（一九九七年ドラッカー選書訳）、二一ページ）と述べています。

さらにその意味を、次のように述べています。

「もちろん経済学者は、企業家が経済発展に大きな影響を与える重要な存在であることを知っていた。しかし彼らにとって、企業家はあくまでも経済の外性《ママ》変数だった。経済に重大な影響を与え、経済を左右する存在ではあっても、経済を構成する要素ではなかった。」（同上邦訳、二一

192ページ）

ドラッカーもいうように、シュンペーターはイノベーションとそれを担う企業家を経済発展の重要な内生変数（外生変数ではなく）の一つとして認識した最初の経済学者でした。しかし、シュンペーターは、あくまでも経済発展におけるイノベーションと企業家の役割を後世の私たちに認識させたに止まり、イノベーションそのものにかかわる実践的な知識を体系的に示したわけではありませんでした。その意味では、シュンペーターは重要な「イノベーションの発見者」ではありましたが、「イノベーションの発明者」ではなかったわけです。

『断絶の時代』『マネジメント』でのイノベーションへの言及

『現代の経営』以後、ドラッカーは引き続く自著、一九六四年の『創造する経営者』、一九六五年『経営者の条件』、さらに一九六九年の『断絶の時代』、一九七三年の『マネジメント』の中で、繰り返しイノベーションの役割について論じました。

その際、ドラッカーの認識の背景にあったのは、一九世紀以来の企業活動の大きなトレンドのなかでの同時代（一九六〇〜七〇年代）の歴史的な意味でした。この点は『断絶の時代』の第三章「方法論としての企業家精神」で次のように要約されています。

「第一次世界大戦前の五〇年は発明の時代とされている。それは企業家の時代といってよかった。当時の発明家は自らの発明を自らの事業に発展させた。今日の大企業の基礎がこうして築かれた。」「ところが第一次大戦後の五〇年は、マネジメントの能力のほうが、企業家としての能力よりも意味をもつようになった。」「今日、ふたたび企業家精神を強調すべき時代に入った。……今日必要とされているものは、過去半世紀に培ったマネジメント能力の基礎の上に、企業家精神の新しい構造をつくる能力である。」(Drucker, 1969：邦訳、二八〜二九ページ)

さらに『マネジメント』では、最終章(第61章)が「イノベーションのマネジメント」と題されています。ここではそれまでのドラッカーの言及と同様に、一般にマネジメントに関する文献でイノベーションの必要に言及していないものはないが、イノベーションを促進し、成果をあげるためのマネジメントやそのための組織がいかにあるべきか、何をなすべきかに言及したものはないと述べています。ここでは、イノベーションを行う組織にみられるいくつかの共通する特徴があるとして、以下のような六つの点を挙げています。

(1)イノベーションの意味を知っている。
(2)イノベーションの力学というものの存在に気づいている。
(3)イノベーションの戦略を知っている。
(4)管理的な目標や基準とは別に、イノベーションのための目標と基準をもっている。
(5)マネジメント、とくにトップマネジメントの果たす役割と姿勢が違う。

⑹イノベーションのための活動を、日常のマネジメントのための活動から独立させて組織している。(Drucker, 1973：邦訳・下、二七二ページ)

こうしてドラッカーは、『現代の経営』以後、自身の著作の中で、企業だけではなく現代の組織におけるイノベーションの必要を説き、それを推進するためには独自のマネジメントと組織が必要であることを繰り返し言及してきました。

しかし、それらはいずれもイノベーションの実践についての体系的な指針となるものには至っていませんでした。その意味では、それはまだ、ドラッカー自身においてイノベーションの重要性の確認、「イノベーションの発見」に止まるものでした。

2.『イノベーションと企業家精神』による「イノベーションの発明」

『断絶の時代』、『マネジメント』を経て、いよいよ本格的なイノベーションの体系への挑戦、「イノベーションの発明」が求められていることを、ドラッカー自身、強く意識するようになっていったと思います。『マネジメント』の最終章「イノベーションのマネジメント」を締め括る次の文言は、そのことを物語るように思われます。

「あらゆる兆しから見て、来るべき時代はイノベーションの時代、すなわち技術、社会、経済、制度が急速に変化する時代である。したがって、イノベーションを行う組織こそが、これからの時代において主役となる。」(Drucker, 1973：邦訳・下、二九六ページ)

一九八五年に刊行された『イノベーションと企業家精神』は、このような、「これからの時代において主役となる」イノベーションを行う組織のための実践的な指針となるべきものであり、まさに「イノベーションの発明」でした。ドラッカー自身、同書の「まえがき」で、「本書はイノベーションと企業家精神を生み出すための原理と方法を示している」、「本書は、イノベーションと企業家精神の全貌を体系的に論じた最初のものである」と述べています。『現代の経営』が「マネジメントの発明」を果たしたモニュメントであったとすれば、『イノベーションと企業家精神』はさらに「イノベーションの発明」を果たした記念すべきモニュメントでした。

ドラッカーは『イノベーションと企業家精神』を、以下の三つの「側面」から説明しています。

第一．「イノベーションの方法」(第Ⅰ部)
第二．「企業家精神」(第Ⅱ部)
第三．「企業家戦略」(第Ⅲ部)

「イノベーションの方法」――「七つの機会」と「アイデアによるイノベーション」

第一の「イノベーションの方法」の部分では、イノベーションを目的意識的に行う一つの体系的な営みであることを前提として、イノベーションの機会をどこで、いかにして見出すべきかをあきらかにしています。その際、特徴をなしているのは、周知の、「イノベーションのための七つの機会」というイノベーションの実践論、方法論です。「イノベーションのための七つの機会」とは、よく知られるように、以下の七つの機会です。

第一の機会　「予期せぬ成功と失敗を利用する」
第二の機会　「ギャップを探す」
第三の機会　「ニーズを見つける」
第四の機会　「産業構造の変化を知る」
第五の機会　「人口構造の変化に着目する」
第六の機会　「認識の変化をとらえる」
第七の機会　「新しい知識を活用する」

ドラッカーは七つの機会のこの順番を重視しています。ドラッカーはこれら七つの機会は「信頼性と確実性の大きい順に」並べてあると述べています（Drucker, 1985：邦訳、一六～一七ページ）。したがって、ドラッカーがとくに重視したのは、第一の「予期せぬ成功と失敗を利用する」ということです。ドラッカーは、「予期せぬ成功」を論じた第三章の冒頭で、「予期せぬ成功ほど、イノベーションの機会となるものはない。これほどリスクが小さく苦労の少ないイノベーションはない。しかるに予期せぬ成功はほとんど無視される。困ったことには存在さえ否定される」といいます。さらにドラッカーは、「このように、予期せぬ成功はイノベーションのための機会であるだけではない。それはまさにイノベーションに対する要求でもある」（同上邦訳、二六ページ）と指摘しています。この点については、この講義IXの後段3でもう一度立ち返ります。

ところで、ドラッカーの「イノベーションの方法」では以上のような「七つの機会」が注目されますが、この後に、いわば「八つ」目のイノベーションとして「アイデアによるイノベーション」が取り上げられています（『イノベーションと企業家精神』第一一章）。しかしこのタイプのイノベーションの機会は、ドラッカー自身が「リスクが大きく」、企業家たるもの「手をつけるべきではない」と述べたこともあり、ドラッカー愛好者がまともに取り上げることは少ないように見えます。

しかしこの「アイデアによるイノベーション」は今も私たちの周りで現実には大切な働きをしています。このタイプのイノベーションの機会を、今一度取り上げてみることも必要ではないかというのが筆者の見方です。どのようにとり上げるか、これは後段4で考えてみます。

「企業家精神」

「企業家精神」の部分では、イノベーションの担い手となる組織に焦点をあてます。ここでは、具体的に独自性の高い三種の組織、既存の企業、公的サービス機関、ベンチャー・ビジネスのそれぞれにおける企業家精神発揮のあり方が論じられています。

この部分で特徴をなしているのは、第一四章で論じられている「公的サービス機関における企業家精神」でしょう。ドラッカーは、これまで注目されることの少なかった公的サービス機関におけるイノベーションの必要とその難しさをとくに強調して、次のように述べます。

「公的サービス機関も、企業と同じように企業家としてイノベーションを行わなければならない。むしろ企業以上に企業家的であることが必要である。」「しかし公的サービス機関がイノベーションを行うことは最も官僚的な企業と比べてさえはるかに難しい。既存の事業が企業の場合よりもさらに大きな障害となる。」(Drucker, 1985：邦訳、二〇七ページ)

その上でドラッカーは、公的サービス機関がイノベーションを行うために必要とされる企業家精神を、次の四点にまとめています。(同上邦訳、二一四〜二一七ページ)

第一に、公的サービス機関は明確な目的をもたなければならない。

第二に、公的サービス機関は実現可能な目標をもたなければならない。

第三に、公的サービス機関は、いつになっても目標を達成することができなければ、目標そのものが間違っていたか、あるいは少なくとも目標の定義の仕方が間違っていた可能性があることを認めなければならない。公的サービス機関といえども、目標は、大義だけではなく費用対効果に関わるものとしてとらえなければならない。

第四に、公的サービス機関は、機会の追求を自らの活動に組み込んでおかなければならない。変化を脅威としてではなく機会としてみなければならない。

公的サービス機関のイノベーションについては、すでにみたように『マネジメント』のなかで、『現代の経営』の内容から大きく展開されることになりました。この点は、具体的には前段の講義Ⅷを参照してください。

「企業家戦略」

「企業家戦略」の部分では、現実の市場において、いかにイノベーションを成功させるか、その企業家戦略に焦点があてられています。

企業家精神を発揮するには、前項で紹介したような組織内部に関わる原理と方法が必要ですが、これと合わせて、組織の外部、市場に関わるいくつかの原理と方法が必要です。これが「企業家戦略」といわれるものです。

その上で、ドラッカーは企業家戦略として、「総力戦略」、「ゲリラ戦略」、「ニッチ戦略」、「顧客創造戦略」という、四つの戦略を上げています。(以上、同上邦訳、二四八ページ)

『イノベーションと企業家精神』(イノベーションの発明)が求められた背景
——「断絶の時代」の到来

それでは、ドラッカーが『イノベーションと企業家精神』を著し、「イノベーションの発明」に至らせた社会的背景はどのようなものだったのでしょうか。どのような社会的背景がドラッカーをして「イノベーションの発明」に至らせたのでしょうか。

その点で決定的な役割を果たしたのは、一九六九年、『断絶の時代』の刊行でした。

一九五四年の『現代の経営』刊行以来、ドラッカーにとってイノベーションはマーケティングと並んで、マネジメントの二大支柱の一つとして、重要な課題でした。マネジメントにおけるその重要性は十分自覚されていました。しかし『断絶の時代』に至るまでは、イノベーションを目的意識的に追求するための、いわば道具としてのイノベーションの原理と方法に関する「イノベーションの体系」の必要は必ずしも明確には自覚されていなかったように思われます。イノベーションはその重要性は十分に「発見」されていたが、そのための道具はまだ「発明」されてはいなかったということです。

そのような状況の中で、「イノベーションの発明」の必要をはっきり意識させたのは、『断絶の時代』の刊行でした。前段で引用したドラッカーの言葉は、まさしくその表明でした。

ドラッカーは、周知のように『断絶の時代』で、表題どおり、「断絶の時代」の到来を説き、新しい時代の到来への発想の転換の必要を訴えました。そしてこの「断絶の時代」を新たな発展の機会にすることができると確信しました。

それでは、いかにして「断絶の時代」を新たな発展の時代とすることができるか。そこで浮上するのがイノベーションの役割です。「断絶の時代」はイノベーションの結果であると同時に、新たなイノベーションの絶好の機会を準備するものだったからです。

このイノベーションを、いかにして目的意識的に実現することができるか。その原理と方法はいかなるものか。いまやこのような「イノベーションの体系」の開発が、新しい「断絶の時代」に求められることになりました。これが、ドラッカーの描いた筋書きであったのではないか。そのように思われます。

こうして、ドラッカーにとっては、「断絶の時代」と「イノベーション」とは一体のものであり、したがって著作『断絶の時代』と『イノベーションと企業家精神』はワンセットの作品であったと思われます。

3.「意図した成功」から「予期せぬ成功」へ

経済現象における「すでに起こった未来」を認識する

ドラッカーのイノベーション論で最もよく知られているのは「イノベーションの方法」として「イノベーションのための七つの機会」といわれるものを紹介している部分です。その内容については、前段で紹介したとおりですが、ドラッカーのイノベーション論の独特のところは、「七つの機会」のなかで、「予期せぬ成功と失敗を利用する」を第一の機会として掲げていることです。

それに先立ってドラッカーは、これらの「七つの機会」について述べていることに注目しておく必要があります。ドラッカーはいいます。

「これら七つの機会の順番には意味がある。信頼性と確実性の大きい順に並べてある。一般に信じられていることとは逆に、発明発見、特に科学上の新知識は、イノベーションの機会として、信頼性が高いわけでも、成功の確率が大きいわけでもない。新知識に基づくイノベーションは目立ち重要であっても、信頼性は低く成果は予測しがたい。これに対し、日常業務における予期せぬ成功や失敗のような、不測のものについての平凡で目立たない分析がもたらすイノベーションの方が、失敗のリスクや不確実性ははるかに小さい。またそのほとんどは成否は別として、事業の開始から成果が生まれるまでのリードタイムがきわめて短い。」(Drucker, 1985：邦訳、

一六～一七ページ）

このように「七つの機会」について述べた後、ドラッカーはイノベーションの第一の機会として「予期せぬ成功と失敗を利用する」ということを上げているわけです。

イノベーションといえば、誰も、綿密に意図され、計画されたものを、計画通り実現していく「意図された成功」が当然のこととして目指されるものと考えてきました。

しかしドラッカーは、むしろ「予期せぬ成功」こそが機会であるといいます。そしてこれを見逃すな、というわけです。

結論的にいえば、これこそドラッカーの、イノベーションについての「発想転換」であるということができます。

この点について、もう少しドラッカーのいうことを聞きましょう。

「予期せぬ成功ほど、イノベーションの機会となるものはない。これほどリスクが小さく苦労の少ないイノベーションはない。しかるに予期せぬ成功はほとんど無視される。困ったことには存在さえ否定される。」（同上邦訳、一八ページ）

「予期せぬ成功はイノベーションのための機会であるだけではない。それはまさにイノベーションに対する要求でもある。」（同上邦訳、二六ページ）

他方、「予期せぬ失敗」もまた、大切なイノベーションの機会となります。またこれも、イノベーションに対する要求であるわけです。

失敗は成功と違って、普通の人であれば、誰でも気づく。しかし、気づいても、誰もこれがイノベーションの機会となるとは思いません。

しかし、「予期せぬ失敗」は、重要なイノベーションの機会となります。ドラッカーはいいます。

「予期せぬ成功とは異なり、予期せぬ失敗は取り上げることを拒否されたり気づかれずにいることはない。しかしそれが機会の兆候と受けとめられることはほとんどない。予期せぬ失敗の多くは、単に計画や実施の段階における過失、貪欲、愚鈍、雷同、無能の結果である。だが慎重に計画し、設計し、実施したものが失敗したときには、失敗そのものが変化とともに機会の存在を教える。製品やサービスの設計、マーケティングの前提となっていたものが、もはや現実と乖離するにいたっているのかもしれない。顧客の価値観や認識が変わっているのかもしれない。……それらの変化はすべてイノベーションの機会である。」(同上邦訳、三二ページ)

こうして、「予期せぬ失敗」もまた、あるいは「予期せぬ成功」以上に重要なイノベーションの機会を提供するものなのです。

さらにドラッカーは、「予期せぬ成功や失敗」については、自分の直接関わってきた事業や製品にだけ目を向けていてはいけないと警鐘を鳴らしています。自分の事業や製品の外部の事象における「予期せぬ成功や失敗」がイノベーションの機会としてより重要であることが多いと述べています。

「これまで予期せぬ成功や失敗は、企業や産業の内部で起こるものとして論じてきた。しかし外部の事象、すなわちマネジメントが今日手にしている情報や数字には表れない事象も、同じように重要な意味をもつ。事実それらの事象は企業や産業内部の事象よりも重要であることが多い。」(同上邦訳、四〇〜四一ページ)

ドラッカーが社会を見る目として、処女作『経済人の終わり』『産業人の未来』以来、生涯を通して一貫していたのは「すでに起こった未来」を知覚するという姿勢でした。それは「社会生態学者」を自称したドラッカーの基本視点でもありました。ドラッカーがイノベーションの機会を考えるに際して、こうして「予期せぬ成功や失敗」を何よりも重視したことは一見奇をてらったことのように見えるかも知れません。しかし、「社会生態学者」を自称して「すでに起こった未来」を知覚することの重要さを一生貫いたドラッカーからすれば、これは経済現象、産業現象におけるイノベーションを見る当然の目であったのでしょう。

4.「アイデアによるイノベーション」へのアプローチ

ドラッカーの評価

ドラッカーは「イノベーションの七つの機会」に続けて、「アイデアによるイノベーション」について論じています。

ドラッカーはこの「アイデアによるイノベーション」について、まず否定的な意見を開陳します。「アイデアはイノベーションの機会としてはリスクが大きい。成功する確率は最も小さく失敗する確率は最も大きい」(Drucker, 1985：邦訳、一五一ページ)と述べて、「七つの機会」とは別扱いにしています。さらに、「アイデアによるイノベーション」は「そもそもアイデアなるものがあまりに曖昧である」、「企業家たるものは、いかにもろもろの成功物語に心惹かれようとも、単なるアイデアによるイノベーションに手をつけるべきではない」(同上邦訳、一五三ページ)とまで述べています。いわばそれは、前段でみた「予期せぬ成功によるイノベーション」の対極にあるイノベーションのタイプです。

しかし他方で、「一国の経済が企業家的であろうとするならば、アイデアによるイノベーションに特有の騎士道精神をないがしろにしてはならない」、「アイデアによるイノベーションは、その数が膨大であるために、たとえ成功の確率は低くとも新事業、雇用増、経済活動の大きな源泉となる」といっています(以上、同上邦訳、一五四ページ)。

こうしてドラッカーは、「アイデアによるイノベーション」については両面の評価をし、結局それは「いわばイノベーションと企業家精神の原理と方法の体系における付録である」と位置付けています。

「アイデアによるイノベーション」の積極的活用のために
——過去の成果を「転用」する。「類推（アナロジー）」を働かせる

しかし実際に、いま私たちの周りでは、この「アイデアによるイノベーション」が大きな役割を果たしており、大きな関心をもたれています。「アイデアによるイノベーション」は曖昧で不確実であり、リスクが高いことは事実ですが、ドラッカー自身もいうように、これを積極的に進めようとする精神は健全な経済の発展にとってきわめて意味のあることです。

ここでの筆者の関心は、この「アイデアによるイノベーション」を積極的にすすめるための何か共通の手法がないのかということです。

「アイデア」というと「思いつき」というイメージが強く、曖昧なものという感じが付きまといますが、アイデアには一つのパターンがあるというのが筆者の理解です。

その一つは過去の成果の「転用」とか「借用」といわれるものです。ドラッカーが「創造的模倣」と呼んだものです（『イノベーションと企業家精神』第17章参照）。

近年、「模倣によるイノベーション」ということが関心を高め、これまで創造性ということでは対極にみられていた「模倣（イミテーション）」と「イノベーション」の積極的な関係が問題にされるようになっています。「模倣」というといく分響きが良くないかも知れませんが、イノベーション

といわれるものには何らかの程度においてこれまでの成果からの「模倣」が作用しているということです。

そもそも私たち日本人が今日使っている、日本文化の極め付けともいうべき「かな(カナ)文字」は漢字を基礎にしてつくられたものであることは周知のとおりです。「かな(カナ)文字」の開発は、漢字の音を使い、日本語を表現する「万葉仮名」から始まりました。こうして万葉仮名として使われた漢字がさらに進化して「かな(カナ)文字」が誕生することになりました。

その際、二つの流れがありました。一つは万葉仮名として使われた漢字の字画の一部(偏とか旁など)を独立させる流れです。例えば「伊」→イ、「宇」→ウ、「江」→エ、という具合です。これは字画の省略化の方向ですが、ここから「カタカナ」が生まれました。

もう一つは、万葉仮名として使われた漢字の草書体化とそれの平易化の流れです。たとえば「安」→あ、「仁」→に、「礼」→れ、といった具合です。この漢字の草書体化から「ひらがな」が生まれたことは周知のとおりです。

このような、漢字からかな(カナ)文字の誕生は、平安時代、万葉集の編纂以後徐々に進んだものと思われますが、これは日本文化における重要なイノベーションでした。しかし、この「かな(カナ)文字の誕生がイノベーションとして語られることはありません。しかしこのイノベーションは、中国での先立つ成果(文字形成史上の成果としての漢字の成立)を基礎とし、これをつかいこなしつつ、これを全く新しい文字文化に変容させたのであり、先立つ成果の「転用（借用）」によるイノベーションの典型例として挙げることができます。

もう一つは「類推（アナロジー）」というものです。

『アナロジー思考』（二〇一一年、東洋経済新報社）を著わした細谷功さんは著書の中で、「新しいアイデアは『借りてきて組み合わせる』ことで生まれる。ではどうやって既存のアイデアを『借りてくる』のか？・そこで用いられるのがアナロジー思考である」といっています。ここには私がいまいおうとしたことが集約されています。

そのような目で周りを見回してみますと、「類推（アイデア）」によって生み出されたアイデアで溢れています。

その代表の一つは、日本の自動車産業を世界に冠たるものに押し上げたトヨタ生産方式（ジャスト・イン・タイム方式）です。このシステムの基礎になっている流れ作業そのものは二〇世紀初め米国フォード社が開発したものでしたが、後工程が使ったものだけを適宜補充しつつ、多様なタイプの車を部品の最小在庫で作り上げるトヨタ自動車の開発した生産方式は、前工程プッシュの米国型生産方式とは逆発想のイノベーションでした。

ところでこの、後工程が使っただけの部品を前工程が補充していくという方式はフォードから学んだものではなく、全く畑違いのスーパーマーケットから学んだものでした。一九五五年ごろ、トヨタ自動車の、後の副社長大野耐一さんの一行がGMやフォードなどの米国の自動車産業の視察に出かけた際、たまたま立ち寄ったスーパーマーケットの店頭での商品補充方式からヒントを得たと語られています(当時はまだ日本にスーパーマーケットはありませんでした)。米国のスーパーマーケットの店頭商品管理からの「類推」が世界に冠たる日本の自動車産業のイノベーションを創り出したわけです(大野耐一『トヨタ生産方式』一九七八年、ダイヤモンド社、を参照)。

また、いま巷で人気の回転寿司の仕組みは、やはり戦後間もなく、大阪の寿司屋さんがビール工場でのコンベアでの瓶詰作業をみて発案したといわれています。

これらは「類推(アイデア)」によるアイデアが生み出した典型的なイノベーションですが、このようなケースは枚挙にいとまがないでしょう。

「アイデアによるイノベーション」は、ドラッカーもいうように、不確実でリスクを伴うものです。しかし、アイデアというものを追求するとこれまでの成果の「転用(借用)」とか「類推(アナロジー)」という思考に行き当たります。これを積極的に使うことによって、いくぶんか「アイデアによるイノベーション」を意識的なものに近づけることができるかもしれません。

参考文献

Drucker, P.F., 1939, *The End of Economic Man*：邦訳『経済人の終わり』ダイヤモンド社、二〇〇七年

Drucker, P.F., 1942, *The Future of Industrial Man*：邦訳『産業人の未来』ダイヤモンド社、二〇〇八年

Drucker, P.F., 1946, *Concept of the Corporation*：邦訳『企業とは何か』ダイヤモンド社、二〇〇八年

Drucker, P.F., 1954, *The Practice of Management*：邦訳『現代の経営』（上、下）ダイヤモンド社、二〇〇六年

Drucker, P.F., 1964, *Managing for Results*：邦訳『創造する経営者』ダイヤモンド社、二〇〇七年

Drucker, P.F., 1968, *The Age of Discontinuity*：邦訳『断絶の時代』ダイヤモンド社、二〇〇七年

Drucker, P.F., 1973, *Management: Tasks, Responsibilities, Practices*：邦訳『マネジメント：課題、責任、実践』（上、中、下）ダイヤモンド社、二〇〇八年

Drucker, P.F., 1979, *Adventure of A Bystander*：邦訳『ドラッカー：わが軌跡』ダイヤモンド社、一九九四年（旧訳書名『傍観者の時代』）

Drucker, P.F., 1985, *Innovation and Entrepreneurship*：邦訳『イノベーションと企業家精神』ダイヤモンド社、二〇〇七年

Drucker, P.F., 1993, *The Ecological Vision*：邦訳『すでに起こった未来』ダイヤモンド社、一九九四年

Drucker, P.F., 1993, *Post-Capitalist Society*：邦訳『ポスト資本主義社会』ダイヤモンド社、一九九三年

※ 以上、ドラッカーの著書の邦訳はすべて、上田惇生さんないし上田惇生さんほか、による。

Drucker, P.F., 1950, *The New Society—The Anatomy of the Industrial Order*: 現代経営研究会訳『新しい社会と新しい経営』ダイヤモンド社、一九五七年

Drucker, P.F., 1954b, The Professional Employee in Industry, General Electric Co. (1954), *Responsibilities of Business Leadership: Talks presented at the Leadership Conferences Association Island*

Drucker, P.F., 1957, *The Landmarks Tomorrow*: 現代経営研究会訳『変貌する産業社会』ダイヤモンド社、一九五九年

Drucker, P. F., 1990, Why My Years with General Motors Is Must Reading, *MyYears with General Motors* by Sloan, A. P. Jr. (1990 ed.)：有賀裕子訳『GMとともに』ダイヤモンド社、二〇〇三年、所収「永遠の名著『GMとともに』」

Drucker, P.F., 1994, The Theory of Business, *Harvard Business Review*, Set.-Oct.1994：邦訳「企業永続の理論」『ダイヤモンド・ハーバード・ビジネス』一九九五年一月号

Drucker, P.F., 2005, *My Personal History*：牧野洋訳『ドラッカー二〇世紀を生きて：私の履歴書』日本経済新聞社、二〇〇五年

Abell, D.F., 1980, *Defining the Business: The Starting Point of Strategic Planning*：片岡一郎ほか訳『事業の定義：戦略計画策定の出発点』千倉書房、一九八四年

Beatty, J., 1998, *The World According to Peter Drucker*：平野誠一訳『マネジメントを発明した男ドラッカー』ダイヤモンド社、一九九八年

Bernard, Ch., 1938, *The Functions of the Executive*：山本安次郎・田杉競・飯野春樹訳『経営者の役割』ダイヤモンド社、一九五六年

Burnham, J., 1941, *The Managerial Revolution*：武山泰雄訳『経営者革命』東洋経済新報社、一九六五年

ベイ、A.、一九八七年、『アジア太平洋の時代』(小林路義編)、中央公論社

Chandler, A, D, Jr., 1962, *Strategy and Structure*：有賀裕子訳『組織は戦略に従う』ダイヤモンド社、二〇〇四年

Chandler, A, D, Jr., 1964, *Giant Enterprise: Ford, General Motors, and The Automobile Industry*：内田忠夫・風間禎三郎訳『競争の戦略』ダイヤモンド社、一九七〇年

Cohen, W.A., 2008, *A Class with Drucker: the Lost Lessons of the World's Greatest Management Teacher*：有賀裕子訳『ドラッカー先生の授業：私を育てた知識創造の実験室』ランダムハウス講談社、二〇〇八年

Cordiner, R.J. 1956, *New Frontiers for Professional Managers*：川村欣也訳『これからの経営者』東洋経済新報社、一九五八年

Fayol, H., 1916, *Administration Indusrielle et Generale*：山本安次郎訳『産業ならびに一般の管理』ダイヤモンド社、一九八五年

Follet, M.P.(Elliot, F. and Urwick, L. eds.), 1941, *Dynamic Administration*：米田清貴・三戸公訳『組織行動の原理：動態的管理』未来社、一九七二年

船橋洋一、一九九五年、『アジア太平洋フュージョン』中央公論社

General Electric Co., 1953, *Professional Management in General Electric, Book One*

General Electric Co., 1955, *Professional Management in General Electric, Book Two*

General Electric Co., 1954, *Professional Management in General Electric, Book Three*

General Electric Co., 1959, *Professional Management in General Electric, Book Four*

General Electric Co., 1954, *Responsibilities of business Leadership: Talks presented at the Leadership Conferences Association Island*

Gerstner, L. V., 2002, *Who Says Elephants Can't Dance? Inside IBM's Historic Turnaround*：山岡洋一・高遠裕子訳『巨像も踊る』日本経済新聞社、二〇〇二年
Greenwood, R.G., 1974' 2nd ed.1982, *Managerial Decentrlization*：斎藤毅憲・岡田和秀訳『現代経営の精髄：GEに学ぶ』文眞堂、一九九二年
細谷功、二〇一一年、『アナロジー思考』東洋経済新報社
井上達彦、二〇一二年、『模倣の経営学』日経BP社
入山章栄、二〇一二年、『世界の経営者はいま何を考えているのか』英治出版
Lacey, R., 1986, *The Men and the Machines*：小菅正夫訳『フォード：自動車王国を築いた一族』(上・下)、新潮社(新潮文庫)、一九八九年
Levitt, Th., 1960, Marketing Myopia, *Harvard Business Review*, July-August.1994：邦訳『ダイヤモンド・ハーバード・ビジネス』二〇〇一年一一月号
Mayo, E., 1933, *The Human Problems of an Industrial Civilization*：村本栄一訳『産業文明の人間問題』日本能率協会、一九六七年
Martinez, A.C., 2001, *The Hard Road to the Softer Side*：菊田良治訳『巨大百貨店再生：名門シアーズはいかに復活したのか』日経BP社
Mintzberg, H., 1989, *Mintzberg on Management*：北野利信訳『人間感覚のマネジメント：行き過ぎた合理主義への抗議』ダイヤモンド社、一九九一年
Mintzberg, H., 2004, *Manager Not MBAs*：池村千秋訳『MBAが会社を滅ぼす：マネジャーの正しい育て方』日経BP社、二〇〇六年
三浦一郎、二〇〇八年、「ドラッカーとレビット：レビットのドラッカー讃」ドラッカー学会年報『文明とマネ

ジメント』第二号
三戸公、一九七一年、『ドラッカー：自由・社会・管理』未来社
三戸公、二〇〇二年、『管理とは何か：テイラー、フォレット、バーナード、ドラッカーを超えて』未来社
野中郁次郎・上田惇生（対談）、二〇〇六年、「誰が企業の未来を創造するのか」『致知』二〇〇八年一二月号
野中郁次郎、二〇〇七年、「経営は科学なのか」『日本経済新聞』二〇〇七年一月二六日夕刊
野中郁次郎・紺野登、二〇〇七年、『美徳の経営』ＮＴＴ出版
Ikujirou Nonaka/ Hirotaka Takeuchi, 2011, The Wise Leader, *Harvard Business Review*, May 2011：邦訳「賢慮のリーダー」『ダイヤモンド・ハーバード・ビジネス』二〇一一年九月号
Schumpeter, J.A., 1912, *Theorie der Wirtschaftlichen Entwicklung*：塩野谷祐一・中山伊知郎・東畑精一訳『経済発展の理論』（上・下）岩波文庫、一九七七年
Sloan, A. P. Jr., 1963, *My Years with General Motors*：有賀裕子訳『ＧＭとともに』二〇〇三年、ダイヤモンド社
Smiddy, H.F., 1960, Implications for Future Managerial Education (*Paper for Conference on Education for Business,* Crotonville, New York, July 24, 1960
坂本和一、一九九七年、『新版ＧＥの組織革新』法律文化社
坂本和一、二〇〇三年、『アジア太平洋時代の創造』法律文化社
坂本和一、二〇〇六年、「立命館アジア太平洋大学（ＡＰＵ）創設を振り返って：開設準備期を中心に」『立命館百年史紀要』第一四号
坂本和一、二〇〇七年、『大学のイノベーション：経営学と企業改革から学んだこと』東信堂
坂本和一、二〇一一年、『ドラッカーの警鐘を超えて』東信堂
坂本和一、二〇一二年、『大学の発想転換：体験的イノベーション論二五年』東信堂

Tarrant, J.J., 1976, *Drucker: The Man Who Invented the Corporate Society*：風間禎三郎訳『ドラッカー：企業社会を発明した男』ダイヤモンド社、一九九七年
Taylor, F.W., 1911, *The Principles of Scientific Management*：有賀裕子訳『新訳・科学的管理法』ダイヤモンド社、二〇〇九年
寺島実郎、二〇一三年、『何のために働くのか：自分を創る生き方』文春新書
トロウ、マーチン、一九七六年、『高学歴社会の大学：エリートからマスへ』(天野郁夫・喜多村和之編・訳)東京大学出版会
Trow, M., 2000, *From Mass to Universal Education*：喜多村和之編・訳『高度情報社会の大学：マスからユニバーサルへ』玉川大学出版部、二〇〇〇年
上田惇生、二〇〇六年、『ドラッカー入門』ダイヤモンド社

著者紹介

坂本　和一（さかもと　かずいち）立命館大学名誉教授、立命館アジア太平洋大学名誉教授、経済学博士（1975年）

□略　歴

1939年10月　石川県に生まれる
1963年 3月　京都大学経済学部卒業
1968年 3月　京都大学大学院経済学研究科博士課程単位取得
1968年 4月　立命館大学経済学部に奉職
この間、1979年7月　ハーバード大学フェアバンク東アジア研究センターおよびニューヨーク大学経済学部で客員研究員（～1980年9月）
1988年 4月　立命館大学教学部長（～1991年3月）
1994年 4月　学校法人立命館副総長・立命館大学副学長（～2005年3月）
2000年 1月　立命館アジア太平洋大学学長（～2004年3月）

□主要著書

『現代巨大企業の生産過程』有斐閣、1974年（博士学位論文）
『IBM—事業展開と組織改革』ミネルヴァ書房、1985年（第2回テレコム社会科学賞受賞）
『GEの組織改革』法律文化社、1989年（新版1997年）
『21世紀システム—資本主義の新段階』東洋経済新報社、1991年
『コンピュータ産業—ガリヴァ支配の終焉』有斐閣、1992年
『新しい企業組織モデルを求めて』晃洋書房、1994年
『アジア太平洋時代の創造』法律文化社、2003年
『鉄はいかにしてつくられてきたか—八幡製鍊所の技術と組織：1901−1970年』法律文化社、2005年
『大学のイノベーション—経営学と企業経営から学んだこと』東信堂、2007年
『ドラッカー再発見』法律文化社、2008年
『近代製鉄業の誕生』法律文化社、2009年
『ドラッカーの警鐘を超えて』東信堂、2011年
『大学の発想転換』東信堂、2012年
『ドラッカー『断絶の時代』で読み解く21世紀地球社会論』〔改訂版〕東信堂、2017年

ドラッカー『現代の経営』が教える「マネジメントの基本指針」

2017年 5月 15日　改訂版　第1刷発行　〔検印省略〕

※定価はカバーに表示してあります。

著者©坂本和一　／発行者　下田勝司　印刷・製本／中央精版印刷

東京都文京区向丘1-20-6　郵便振替00110-6-37828
〒113-0023　TEL（03）3818-5521　FAX（03）3818-5514

発行所　株式会社　東信堂

Published by TOSHINDO PUBLISHING CO., LTD
1-20-6, Mukougaoka, Bunkyo-ku, Tokyo, 113-0023, Japan
E-mail：tk203444@fsinet.or.jp　http://www.toshindo-pub.com

ISBN978-4-7989-1431-2　C1034　©Sakamoto Kazuichi

東信堂

比較教育学事典	日本比較教育学会編	一二〇〇〇円
比較教育学の地平を拓く	山田肖子・森下稔 編著	四六〇〇円
比較教育学—越境のレッスン	馬越徹	三六〇〇円
比較教育学—伝統・挑戦・新しいパラダイムを求めて	M・ブレイ編著 馬越徹・大塚豊監訳	三八〇〇円
国際教育開発の再検討—途上国の基礎教育普及に向けて	小川啓一・西村幹子・北村友人 編著	二四〇〇円
中国教育の文化的基盤	顧明遠著 大塚豊監訳	二九〇〇円
中国大学入試研究—変貌する国家の人材選抜	大塚豊	三六〇〇円
中国高等教育独学試験制度の展開	南部広孝	三二〇〇円
中国の職業教育拡大政策—背景・実現過程・帰結	劉文君	五〇四八円
中国の後期中等教育の拡大と経済発展パターン—江蘇省と広東省の比較	呉琦来	三八二七円
中国高等教育の拡大と教育機会の変容	王傑	三九〇〇円
現代中国初中等教育の多様化と教育改革	楠山研	三六〇〇円
ドイツ統一・EU統合とグローバリズム—教育の視点からみたその軌跡と課題	木戸裕	六〇〇〇円
教育における国家原理と市場原理—チリ現代教育史に関する研究	斉藤泰雄	三八〇〇円
中央アジアの教育とグローバリズム	嶺井明子・川野辺敏 編著	三二〇〇円
インドの無認可学校研究—公教育を支える「影の制度」	小原優貴	三二〇〇円
バングラデシュ農村の初等教育制度受容	日下部達哉	三六〇〇円
オーストラリアのグローバル教育の理論と実践—開発教育研究の継承と新たな展開	木村裕	三六〇〇円
オーストラリアの教員養成とグローバリズム—多様性と公平性の保証に向けて	本柳とみ子	三六〇〇円
[新版]オーストラリア・ニュージーランドの教育—グローバル社会を生き抜く力の育成に向けて	青木麻衣子・佐藤博志 編著	二〇〇〇円
オーストラリアの言語教育政策—多文化主義における「多様性と」「統一性」の揺らぎと共存	青木麻衣子	三八〇〇円
オーストラリア学校経営改革の研究—自律的学校経営とアカウンタビリティ	佐藤博志	三八〇〇円
戦後オーストラリアの高等教育改革研究	杉本和弘	五八〇〇円
マレーシア青年期女性の進路形成	鴨川明子	四七〇〇円
「郷土」としての台湾—郷土教育の展開にみるアイデンティティの変容	林初梅	四六〇〇円
戦後台湾教育とナショナル・アイデンティティ	山﨑直也	四〇〇〇円

〒113-0023 東京都文京区向丘 1-20-6 TEL 03-3818-5521 FAX03-3818-5514 振替 00110-6-37828
Email tk203444@fsinet.or.jp URL:http://www.toshindo-pub.com/

※定価：表示価格（本体）＋税

東信堂

東信堂

国際法新講〔上〕〔下〕	田畑茂二郎	〔上〕二九〇〇円 〔下〕二七〇〇円
ベーシック条約集〔二〇一七年版〕	編集代表 薬師寺・坂元・浅田	二六〇〇円
ハンディ条約集〔第2版〕	編集代表 薬師寺・坂元・浅田	一五〇〇円
国際環境条約・資料集	編集 松井・富岡・田中・薬師寺・坂元・高村・西村	八六〇〇円
国際人権条約・宣言集〔第3版〕	編集 松井・薬師寺・坂元・小畑・徳川	三八〇〇円
国際機構条約・資料集〔第2版〕	編集代表 安藤仁介 編集 香西茂	三二〇〇円
判例国際法〔第2版〕	編集代表 松井芳郎	三八〇〇円
日中戦後賠償と国際法	浅田正彦	五二〇〇円
国際法〔第3版〕	浅田正彦編著	二九〇〇円
国際環境法の基本原則	松井芳郎	三八〇〇円
国際民事訴訟法・国際私法論集	高桑昭	六五〇〇円
国際機構法の研究	中村道	八六〇〇円
21世紀の国際法と海洋法の課題	編集 松井・富岡・坂元・薬師寺・桐山・西村	七八〇〇円
国際海洋法の現代的形成	田中則夫	六八〇〇円
国際海峡	坂元茂樹編著	四六〇〇円
条約法の理論と実際	坂元茂樹	四二〇〇円
国際立法—国際法の法源論	村瀬信也	六八〇〇円
小田滋・回想の海洋法	小田滋	七六〇〇円
小田滋・回想の法学研究	小田滋	四八〇〇円
国際法と共に歩んだ六〇年—学者として裁判官として	小田滋	六八〇〇円
21世紀の国際法秩序—ポスト・ウェストファリアの展望	R・フォーク 川崎孝子訳	三八〇〇円
国際法から世界を見る—市民のための国際法入門〔第3版〕	松井芳郎	二八〇〇円
国際法／はじめて学ぶ人のための〔新訂版〕	大沼保昭	三六〇〇円
国際規範としての人権法と人道法	篠原梓	三二〇〇円
戦争と国際人道法—その歴史と赤十字のあゆみ	井上忠男	二四〇〇円
人道研究ジャーナル5号	日本赤十字国際人道研究センター編	二〇〇〇円
プレリュード国際関係学	板木雅彦・本名純・山下範久 編	二四〇〇円
核兵器のない世界へ—理想への現実的アプローチ	黒澤満	二三〇〇円
軍縮問題入門〔第4版〕	黒澤満編著	二五〇〇円

〒113-0023 東京都文京区向丘1-20-6 TEL 03-3818-5521 FAX03-3818-5514 振替 00110-6-37828
Email tk203444@fsinet.or.jp URL:http://www.toshindo-pub.com/

※定価：表示価格（本体）＋税

東信堂

東信堂

オックスフォード キリスト教美術・建築事典	P&L・マレー著 中森義宗監訳	三〇〇〇〇円
イタリア・ルネサンス事典	J・R・ヘイル編 中森義宗監訳	七八〇〇円
美術史の辞典	P・デューロ他 中森義宗・清水忠訳	三六〇〇円
書に想い 時代を讀む	河田悌一	一八〇〇円
日本人画工 牧野義雄—平治ロンドン日記	ますこ ひろしげ	五四〇〇円
〔芸術学叢書〕		
芸術理論の現在—モダニズムから	藤枝晃雄 谷川渥 編著	三八〇〇円
絵画論を超えて	尾崎信一郎	四六〇〇円
美を究め美に遊ぶ—芸術と社会のあわい	江藤光紀 荻野厚志 田中佳 編著	二八〇〇円
バロックの魅力	小穴晶子編	二六〇〇円
新版 ジャクソン・ポロック	藤枝晃雄	二六〇〇円
美学と現代美術の距離—アメリカにおけるその乖離と接近をめぐって	金悠美	三八〇〇円
ロジャー・フライの批評理論—知性と感受性の間で	要真理子	四二〇〇円
レオノール・フィニ—境界を侵犯する新しい種	尾形希和子	二八〇〇円
いま蘇るブリア＝サヴァランの美味学	川端晶子	三八〇〇円
〔世界美術双書〕		
バルビゾン派	井出洋一郎	二〇〇〇円
キリスト教シンボル図典	中森義宗	二三〇〇円
パルテノンとギリシア陶器	関隆志	二三〇〇円
中国の版画—唐代から清代まで	小林宏光	二三〇〇円
象徴主義—モダニズムへの警鐘	中村隆夫	二三〇〇円
中国の仏教美術—後漢代から元代まで	久野美樹	二三〇〇円
セザンヌとその時代	浅野春男	二三〇〇円
日本の南画	武田光一	二三〇〇円
画家とふるさと	小林忠	二三〇〇円
ドイツの国民記念碑—一八一三—一九一三年	大原まゆみ	二三〇〇円
日本・アジア美術探索	永井信一	二三〇〇円
インド、チョーラ朝の美術	袋井由布子	二三〇〇円
古代ギリシアのブロンズ彫刻	羽田康一	二三〇〇円

〒113-0023 東京都文京区向丘 1-20-6 TEL 03-3818-5521 FAX03-3818-5514 振替 00110-6-37828
Email tk203444@fsinet.or.jp URL:http://www.toshindo-pub.com/

※定価：表示価格（本体）＋税